Marie-Theres Wiener

Backen mit Flex-Formen

Weltbild

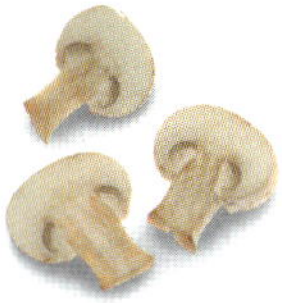

Inhalt

Unsere Rezepte werden von erfahrenen Fachautoren kreiert und erprobt. Wir freuen uns jedoch über Anregungen, Tipps oder Kritik und helfen bei Fragen gerne weiter. Bitte wenden Sie sich an: Weltbild Buchverlag, Steinerne Furt 67, 86167 Augsburg, oder schicken Sie uns eine E-Mail an: Gabriele.Beck@weltbild.de

Die neuen Flex-Formen

Kreativ backen

Die blauen Formen aus Silikon sind lebensmittelecht und absolut geschmacksneutral. Kuchen, Törtchen, Desserts, Aufläufe, Pastetchen und Gelees lassen sich problemlos aus den Formen stürzen. Und der Kreativität der Köche sind kaum Grenzen gesetzt. Mit den kleinen Mini-Förmchen beispielsweise serviert die Hausfrau zum sonntäglichen Nachmittagskaffee oder zum Kaffeeklatsch mit Freundinnen nicht nur einen Kuchen, sondern zwei oder vier verschiedene kleine Kuchen aus dem gleichen Teig: einen Kastenkuchen mit Zitronenglasur und bunten Zuckerperlen dekoriert, den anderen mit einer leichten Creme gefüllt und mit Puderzucker bestäubt. Ein kleiner Gugelhupf glänzt mit einem schokoladigen Überzug, und der vierte Kuchen wird mit glatt gerührter Aprikosenkonfitüre überzogen.

1 Teig = 4 Kuchen

Oder Sie teilen den Teig in mehrere Portionen und verfeinern diese mit Schokotropfen, gehackten Mandeln oder Nüssen, gewürfelten Trocken- oder kandierten Früchten. Sie können die Teigportionen auch mit Anis, Ingwer, Lebkuchen-, Spekulatiusgewürz, Kardamom, Koriander, Zimt und Zitrusschalen abgeschmecken. Verziert wird nach Lust und Laune und fertig ist das bunte Kuchenbüfett – ohne großen Aufwand.

Rühren, einfrieren, backen

In den flexiblen Formen können Sie nicht nur süße Kuchen backen. Sie eignen sich ebenso gut zum Backen von Broten mit Hefe, Sauerteig und Backpulver. Für eine fröhliche Partygesellschaft backen Sie kleine und große Brote einige Tage im Voraus, frieren sie ein und backen sie kurz vor Partybeginn im heißen Backofen knusprig auf.

Das ganz Besondere an den neuen Formen: Sie können die Kuchen- und Brotteige einfüllen, in den Formen einfrieren und kurz vor dem Kaffeeklatsch oder der Party im heißen Backofen fertig backen. So bieten Sie Ihren Gästen ohne großen Aufwand stets frische Kuchen und Brote an.

Mit Desserts verwöhnen

Auch Desserts, besonders Parfaits (Halbgefrorenes), lassen sich prima in den Formen zubereiten. Für viele Naschkatzen bereiten Sie die süße Überraschung am besten in den großen Formen zu und schneiden sie dann in Scheiben, für die Familie oder wenige Gäste nehmen Sie die Mini-Förmchen. Solche Parfaits, süße Gelees, Cremes und Törtchen – dekoriert mit frischen oder eingekochten Früchten, mit einer feinen Schokoladensauce oder einer erfrischenden Fruchtsauce – begeistern jeden Feinschmecker.

Heiße Aufläufe und kalte Gelees

Aufläufe mit Nudeln, Gemüse, Fleisch, Fisch und Meeresfrüchten zählen zu den gern gesehenen Gerichten. Und diese Lieblingsgerichte lassen sich nun noch dekorativer zu Tisch bringen. Aus den neuen flexiblen Formen kann man die Aufläufe auf eine hübsche Platte stürzen, mit Sauce umgießen und appetitlich garnieren.
Oder Sie verwenden die Mini-Förmchen für Ihren Auflauf. Dann können Sie jedem sein eigenes Portiönchen auf den Teller gestürzt servieren. Zu jedem Auflauf haben wir eine wohlschmeckende Sauce komponiert und verraten Tipps.

Partyvergnügen mit den Flex-Formen

Wenn Sie eine Party vorbereiten oder eine große Kuchen- und Tortenschlacht für Familie oder Freunde, werden Sie die neuen, blauen Formen bald nicht mehr missen wollen. Ein Büfett ist bei Jung und Alt beliebt, die Gäste können wählen, was ihnen schmeckt.
Da gibt es kleine Pastetchen oder große Terrinen aus Hackfleisch von Schwein, Rind, Kalb, Lamm, Geflügel, Kaninchen oder Wild. Als Sattmacher gesellen sich dazu Aufläufe aus Gemüse, Kartoffeln und Nudeln sowie kleine Brote und herzhafte Napfkuchen. Besonders im Sommer beliebt sind die erfrischend pikanten und leichten Geleespeisen. Als Nachtisch gibt es Kuchen und Törtchen, exotische Cremes oder eiskalte Parfaits.
Das alles bereiten Sie mit unseren Förmchen in Ruhe vor und stellen dann nur noch eine große Schüssel mit frischem Salat und verschiedene kühle Getränke dazu. Fertig ist ein kulinarischer Partyspaß – für Gäste und Gastgeber!

Gut vorbereitet – stressfrei feiern

Wenn alles gut vorbereitet ist, können Sie Ihre Gäste entspannt empfangen – voller Vorfreude auf ein schönes Fest.

- Kuchen, Törtchen und Brote lassen sich einige Tage im Voraus backen und einfrieren.
- Gemüseaufläufe kann man gut ein bis zwei Tage vorher zubereiten und gestürzt im Kühlschrank lagern.
- Geleespeisen stellen Sie einen Tag zuvor her und bewahren sie gestürzt im Kühlschrank auf.
- Parfaits können ebenfalls einige Tage vorher hergestellt und gestürzt im Tiefkühlfach gelagert werden.
- Cremedesserts möglichst erst am Partytag frühmorgens zubereiten, weil sie ohne den Halt der Förmchen leicht ihre Form verlieren – es sei denn, das Dessert ist besonders fest, wie beispielsweise Grieß- oder Milchreisspeisen.

Wenn Sie oft für Familienfeiern und Partys süße und pikante Köstlichkeiten herstellen wollen, dann gönnen Sie sich am besten gleich ein weiteres Set mit Maxi- und Mini-Förmchen. Das spart Zeit und Geld!

Grundrezepte für Mini- und Maxi-Formen

Manchmal möchte man – für sich selbst oder einen lieben Besuch – spontan einen süßen Kuchen oder frisches Brot backen. Hier sind die Rezepte für einfache Teige, die sich schnell rühren und backen und dann fantasievoll verzieren lassen. Die Grundrezepte reichen für alle vier Mini-Förmchen oder für die große Kastenform oder die große Gugelhupfform. Wenn Sie die Mengen verdoppeln, können Sie die große runde Form und die sechs Herzförmchen füllen.

Süßer Hefeteig

Für vier Mini-Förmchen/die große Kastenform/die große Gugelhupfform

500 g Mehl • 1/2 Würfel Hefe (21 g) • 1 TL Zucker
225 ml lauwarme Milch • 6 EL flüssige Butter • 1 Eigelb • 3 EL Zucker
Etwas abgeriebene Schale einer unbehandelten Zitrone
Mehl zum Bearbeiten

1 Das Mehl in eine Schüssel sieben. Die Hefe zerkleinern und mit dem Zucker und der Hälfte der lauwarmen Milch glatt rühren. Das Gefäß mit einem Küchentuch abdecken und für 15 Minuten beiseite stellen.

2 Die Hefemilch mit der restlichen lauwarmen Milch, Butter, Eigelb und Zitronenschale zum Mehl geben. Alle Zutaten kräftig verkneten. Bei Bedarf noch etwas Mehl hinzufügen. Der Teig sollte glatt und elastisch sein und nicht mehr an den Händen kleben. Den Teig zu einer Kugel formen und in der Schüssel zugedeckt an einem warmen Ort 30 Minuten gehen lassen.

3 Den Backofen auf 200 °C (Umluft 180 °C, Gas Stufe 2–3) vorheizen. Den Teig in die Formen drücken und mit einem Küchentuch zudecken. Noch einmal 30 Minuten an einem warmen Ort gehen lassen. Das Teigvolumen sollte sich ungefähr verdoppelt haben. Kuchen im vorgeheizten Backofen auf der mittleren Schiene 20 bis 30 (große Formen 45) Minuten backen. Den Teig können Sie in der Form auch einfrieren. Dann bei Bedarf gefroren in den vorgeheizten Backofen schieben und etwa 30 (große Formen 55) Minuten backen.

Rührteig

Für vier Mini-Förmchen/die große Kastenform/die große Gugelhupfform

150 g weiche Butter • 1 Prise Salz • 150 g Zucker
1 Päckchen Vanillezucker • Etwas abgeriebene Schale einer unbehandelten Zitrone • 2 Eier • 250 g Mehl
50 g Speisestärke • 2 TL Backpulver • Etwa 100 ml Milch

1 Die Butter mit Salz, Zucker, Vanillezucker und Zitronenschale cremig rühren. Nacheinander die Eier unterrühren. Das Mehl mit der Speisestärke und dem Backpulver mischen. Über die Eimasse geben und unterrühren. Nur so viel Milch zum Teig geben, dass dieser schwer reißend vom Löffel fällt.

2 Den Backofen auf 200 °C (Umluft 180 °C, Gas Stufe 2–3) vorheizen. Den Teig in die Förmchen füllen und auf der mittleren Schiene 25 bis 30 (große Formen 45) Minuten backen. Den Teig können Sie in den Formen auch einfrieren: dann bei Bedarf gefroren in den vorgeheizten Backofen schieben und etwa 30 (große Formen 55) Minuten backen.

Blitzbiskuit

Für vier Mini-Förmchen/die große Kastenform

3 Eier • 3 EL kaltes Wasser • 1 Prise Salz • 125 g Zucker • 60 g Mehl
1 Päckchen Vanillezucker • 60 g Speisestärke • 1 TL Backpulver

1 Die Eier trennen. Die Eigelbe kühl stellen. Eiweiß mit 3 Esslöffel kaltem Wasser und Salz sehr steif schlagen. Langsam Zucker und Vanillezucker einrieseln lassen und weiter schlagen. Den Backofen auf 200 °C (Umluft 180 °C, Gas Stufe 2–3) vorheizen.

2 Die Eigelbe verrühren und unter den Eischnee ziehen. Mehl und Speisestärke mit dem Backpulver mischen und über die Eimasse sieben. Vorsichtig mischen und in die Formen füllen. Im Backofen auf der mittleren Schiene 20 bis 25 (große Formen 40) Minuten backen. Den Teig können Sie in der Form auch einfrieren. Dann bei Bedarf gefroren in den vorgeheizten Backofen schieben und etwa 25 (große Formen 45) Minuten backen.

Weizenbrot

Für vier Mini-Förmchen/die große Kastenform

500 g Weizenmehl (Type 550) • 1 EL Salz • 3/4 Würfel Hefe (30 g)
250 ml lauwarmes Wasser • 1 TL Zucker • 1 EL Öl • 2 EL Apfelessig
1 Eigelb • Mehl zum Bearbeiten

1 Das Mehl in einer Schüssel mit dem Salz mischen. Die zerkleinerte Hefe mit dem Zucker in 140 Milliliter lauwarmem Wasser verrühren. Das Gefäß mit einem Küchentuch zudecken und 15 Minuten beiseite stellen.

2 Das restliche lauwarme Wasser, Öl und Essig zum Mehl gießen und alles kräftig kneten. Bei Bedarf noch etwas Mehl zum Teig geben. Der Teig sollte elastisch sein und nicht mehr an den Händen kleben. Den Teig in die Formen füllen und zugedeckt an einem warmen Ort 30 Minuten gehen lassen. Das Teigvolumen sollte sich in etwa verdoppeln.

3 Inzwischen den Backofen auf 180 °C (Umluft 160 °C, Gas Stufe 2) vorheizen. Das Eigelb mit etwas Wasser verrühren und die Oberfläche des Brots damit bestreichen. Die Formen auf der mittleren Schiene in den Backofen schieben und 20 bis 30 (große Formen 45) Minuten backen. Die letzten 10 Minuten die Temperatur auf 200 °C (Umluft 180 °C, Gas Stufe 2–3) erhöhen. Den Teig können Sie in den Formen auch einfrieren. Dann bei Bedarf gefroren in den vorgeheizten Backofen schieben und bei 200 °C (Umluft 180 °C, Gas Stufe 2–3) etwa 30 (große Formen 55) Minuten backen.

Auflauf

Für vier Mini-Förmchen/die große Kastenform

500 g beliebiges Gemüse • Salz • 200 g Sahne • 2 Eier
1 Eigelb • Pfeffer aus der Mühle • Muskatnuss
250 g gekochter Schinken oder Bratenreste • 6 EL geriebener Käse

1 Das Gemüse putzen, schälen und klein schneiden. In wenig Salzwasser bissfest garen. Das Gemüse abgießen und gut abtropfen lassen. Sahne, Eier und Eigelb verquirlen, mit Salz, Pfeffer und geriebener Muskatnuss würzen.

2 Den Backofen auf 200 °C (Umluft 180 °C, Gas Stufe 2–3) vorheizen. Schinken oder Bratenreste in feine Streifen oder Würfel schneiden. Gemüse und Schinken oder Fleisch in die Formen schichten. Die Eiersahne mit dem Käse verrühren und über das Gemüse gießen. Auflauf im vorgeheizten Backofen auf der mittleren Schiene 20 bis 30 (große Formen 45–60) Minuten backen.

Würziges in Gelee

Für vier Mini-Förmchen/die große Kastenform

400 ml Fischfond oder Geflügelfond (Fertigprodukt) • 2 Lorbeerblätter
5 Wacholderbeeren • 5 Pimentkörner • 1 kleine rote Chilischote
2 Stängel Dill • 6 Blatt weiße Gelatine • 100 ml Weißwein
3–4 EL Weißweinessig • 1 Tasse Erbsen (TK) • Salz • Pfeffer aus der Mühle
1 TL Zucker • 300 g gekochte Garnelen oder gegartes Fleisch

1 Den Fond mit Lorbeerblättern, Wacholder, Piment und der aufgeschlitzten Chilischote offen 3 Minuten kochen. Den Sud beiseite stellen. Die Dillspitzen abzupfen. Die Gelatine in kaltem Wasser 10 Minuten einweichen.

2 Den Sud durch ein Sieb gießen. Die Gelatine gut ausdrücken und in dem warmen Sud auflösen. Weißwein und Essig einrühren. Die Erbsen in kochendem Salzwasser garen und abgießen. Den lauwarmen Sud sehr kräftig mit Salz, Pfeffer und Zucker abschmecken. Dill, Erbsen und Garnelen oder Fleischwürfel dazugeben und alles auf die Formen verteilen. Am besten über Nacht im Kühlschrank fest werden lassen.

Kuchen, Törtchen und Brot

Rotweinkuchen

Für vier Mini-Förmchen

Für den Teig:
4 Eier • 200 g weiche Butter • 150 g Zucker • 1 Prise Salz
1 TL Lebkuchengewürz oder Zimt • 1 Päckchen Vanillezucker
Etwas abgeriebene Schale einer unbehandelten Orange
75 ml kräftiger Rotwein • 100 g Zartbitterschokolade • 200 g Mehl
1 1/2 TL Backpulver
Außerdem:
1 Packung Schokoladenglasur

1 Für den Teig die Eier mit Butter und Zucker cremig rühren. Salz, Lebkuchengewürz oder Zimt, Vanillezucker und etwas Orangenschale hinzufügen. Nach und nach den Rotwein angießen und weiterrühren.

2 Die Schokolade fein reiben. Den Backofen auf 190 °C (Umluft 170 °C, Gas Stufe 2) vorheizen. Die Schokolade mit dem Mehl und dem Backpulver mischen und zur Rotweinmasse geben. Alle Zutaten gut vermengen und in die Förmchen füllen. Die Kuchen im vorgeheizten Backofen auf der mittleren Schiene 25 bis 30 Minuten backen.

3 Die kleinen Kuchen 15 Minuten in den Förmchen abkühlen lassen, dann auf Kuchengitter stürzen und vollständig auskühlen lassen. Die Schokoladenglasur nach Packungsaufschrift schmelzen. Die abgekühlten Kuchen mit der Glasur überziehen.

Mein Tipp

❄ Für beschwipste kleine Kuchen kochen Sie 1/2 Liter kräftigen Rotwein und 1/8 Liter Orangensaft mit 3 Gewürznelken, 1 Sternanis, 1 Stück Zimtrinde und jeweils 1 Stück Orangen- und Zitronenschale um knapp die Hälfte ein. Süßen Sie den würzigen Sud mit 3 Esslöffel Zucker, seihen Sie ihn ab, und lassen Sie ihn auf Zimmertemperatur abkühlen. Die lauwarmen Kuchen in eine Schale setzen, den Rotweinsud darüber gießen und einziehen lassen. Nach Belieben mit Puderzucker bestäuben oder mit Schokoladenguss überziehen.
❄ Diese kleinen, würzigen Mini-Kuchen eignen sich hervorragend als weihnachtliche Mitbringsel. Zur Dekoration auf die noch feuchte Glasur fertig gekaufte kleine Zimtsterne setzen.

Marmorkuchen

Für vier Mini-Förmchen

175 g weiche Butter • 175 g Zucker • 1 Prise Salz
1 Päckchen Vanillezucker
Etwas abgeriebene Schale einer unbehandelten Zitrone
3 Eier • 375 g Mehl • 2 TL Backpulver • Etwa 100 ml Milch
2 EL Kakao • 2 EL Rum
Außerdem:
Puderzucker zum Bestäuben

1 TL Backpulver

1 Für den Teig die Butter schaumig rühren. Den Zucker einrieseln lassen und so lange weiterrühren, bis sich der Zucker fast vollständig gelöst hat. Nacheinander Salz, Vanillezucker, etwas abgeriebene Zitronenschale und die Eier zugeben und den Teig cremig rühren.

2 Mehl, Backpulver und Milch in den Teig einrühren. Nur so viel Milch zum Teig geben, bis dieser schwer reißend vom Löffel fällt. Etwa zwei Drittel des Teigs auf die vier Förmchen verteilen. Den restlichen Teig mit dem Kakao und dem Rum mischen und ebenfalls in die Förmchen geben.

3 Den Backofen auf 200 °C (Umluft 180 °C, Gas Stufe 2–3) vorheizen. Einen Löffelstiel schwungvoll einmal durch den hellen und dunklen Teig in den Förmchen ziehen. Im vorgeheizten Backofen auf der mittleren Schiene 25 bis 30 Minuten backen. Die Kuchen 15 Minuten in den Förmchen ruhen lassen, dann auf Kuchengitter stürzen und vollständig auskühlen lassen. Vor dem Anrichten mit Puderzucker bestäuben.

Mein Tipp

❊ Beim Rührteig müssen Butter, Zucker und Eier mit den Gewürzen lange gerührt werden. Aber sobald das Mehl mit dem Teig gemischt ist, sollte nicht mehr zu stark gerührt werden, damit der Teig nicht zäh wird.

❊ Wollen Sie einen vollwertigen Marmorkuchen backen, verrühren Sie 200 Gramm Butter mit 150 Gramm Honig und 1 Päckchen Bourbon-Vanillezucker. 4 Eier, 300 Gramm Weizenvollkornmehl und 2 Teelöffel Weinsteinbackpulver unterrühren. Die Hälfte des Teigs in die Förmchen füllen, die andere Hälfte mit 100 Gramm gemahlenen Mandeln, 1 Esslöffel Kakao, 1 Teelöffel Zimt und 2 Esslöffel Rum vermischen. Weiter geht's wie oben beschrieben!

Früchtekuchen

Für eine große Kastenform

175 g weiche Butter • 175 g Zucker • 1 Prise Salz
1 Päckchen Vanillezucker
Etwas abgeriebene Schale einer unbehandelten Zitrone
Muskatblüte • Zimt • 4 Eier • 200 g Mehl
75 g Speisestärke • 1 1/2 TL Backpulver • 175 g Rosinen
3 EL Rum • 100 g kandierte Früchte (Früchte-Mix)
50 g gehackte Mandeln
Für den Guss:
175 g Puderzucker • 1 EL Zitronensaft • 1 Msp. Zimt

1 Für den Teig die Butter schaumig rühren. Den Zucker einrieseln lassen und so lange weiterrühren, bis sich der Zucker fast vollständig gelöst hat. Nacheinander Salz, Vanillezucker, etwas abgeriebene Zitronenschale, Muskatblüte, Zimt und Eier zugeben und den Teig cremig rühren.

2 Das Mehl mit Speisestärke und Backpulver mischen und in den Teig einrühren. Den Backofen auf 200 °C (Umluft 180 °C, Gas Stufe 2–3) vorheizen. Die Rosinen mit Rum, kandierten Früchten und gehackten Mandeln mischen und in den Teig einarbeiten. Die Form eventuell mit etwas zerlassener Butter einpinseln und den Teig in die Form füllen.

3 Den Kuchen im vorgeheizten Backofen auf der mittleren Schiene etwa 60 Minuten backen. Herausnehmen und 15 Minuten in der Form ruhen lassen, dann gestürzt auf einem Kuchengitter auskühlen lassen.

4 Für den Guss den Puderzucker mit Zitronensaft, etwas heißem Wasser und Zimt cremig rühren. Den abgekühlten Kuchen damit bestreichen und die Glasur vor dem Servieren trocknen lassen.

Mein Tipp

- Bei diesem Teig ist es empfehlenswert, die Form dünn mit etwas flüssiger Butter einzufetten, damit sich der Kuchen später leichter aus der Form löst.
- Dieser würzige Kuchen schmeckt auch hervorragend, wenn Sie statt dem Früchte-Mix Zitronat und Orangeat, Cocktailkirschen und/oder kandierte Ananasstücke verwenden.

Kokoskuchen

Für eine große runde Form

Für den Teig:
250 g Butter • 5 Eier • 1 Päckchen Vanillezucker
Etwas abgeriebene Schale einer unbehandelten Zitrone
1 Prise Salz • 250 g Zucker • 150 g Mehl • 80 g Speisestärke
1 TL Backpulver • 150 g Kokosflocken
Außerdem:
6 EL Kokosflocken • 10 EL Ananaskonfitüre • 2 EL Zitronensaft
1 Riegel Zartbitterschokolade

1 Für den Teig die Butter schmelzen. Eier mit Vanillezucker, geriebener Zitronenschale und Salz verrühren. Nach und nach den Zucker einrieseln lassen und weiterrühren. Mehl, Speisestärke und Backpulver mischen und esslöffelweise unter den Teig rühren. Die flüssige Butter ebenfalls esslöffelweise unterziehen. Zum Schluss die Kokosflocken einarbeiten.

2 Den Backofen auf 180 °C (Umluft 160 °C, Gas Stufe 2–3) vorheizen. Den Teig in die Form füllen und im vorgeheizten Backofen auf der mittleren Schiene etwa 40 Minuten backen. Die Kokosflocken in einer Pfanne ohne Fett leicht rösten und auf einem Teller abkühlen lassen. Die Ananaskonfitüre mit etwas Zitronensaft erhitzen und durch ein Sieb streichen.

3 Kuchen herausnehmen und in der Form 15 Minuten ruhen lassen, dann gestürzt auf einem Kuchengitter auskühlen lassen. Die Schokolade mit einem Sparschäler in kleine Locken raspeln. Den lauwarmen Kuchen mit der Ananaskonfitüre bestreichen und mit Kokosflocken und Schokolocken bestreuen.

Mein Tipp

❄ Für einen besonders festlichen Anlass schneiden Sie den Kuchen ein- oder zweimal quer durch und füllen ihn mit beliebiger Konfitüre oder beträufeln die Böden mit Likör. Dann wird der Kuchen erst nach dem Füllen und Zusammensetzen verziert. Dazu schmeckt geschlagene Sahne, die mit Kokos-, Bananen- oder Kaffeelikör aromatisiert wird.

❄ Sehr fruchtig schmeckt der Kuchen, wenn Sie Ananasstücke unterrühren. Nehmen Sie dafür 100 Gramm kandierte, fein gehackte Ananas oder frische oder Dosenfrüchte. Die Fruchtstücke vorher gut abtropfen lassen.

Frankfurter Törtchen

Für vier Mini-Förmchen

150 g weiche Butter • 1 Prise Salz • 150 g Zucker
1 Päckchen Vanillezucker
Etwas abgeriebene Schale einer unbehandelten Zitrone
2 Eier • 250 g Mehl • 50 g Speisestärke
2 TL Backpulver • Etwa 100 ml Milch
Für Füllung und Garnitur:
$1/2$ l Milch • 75 g Zucker • 1 Päckchen Vanillezucker
1 Päckchen Vanillepuddingpulver • 200 g weiche Butter
75 g Puderzucker • 1 EL Honig • 1 EL Butter
125 g gehackte Mandeln • Sonnenblumenöl
100 g rote und grüne Belegkirschen • 6 EL Himbeerkonfitüre

1 Für den Teig die weiche Butter mit Salz, Zucker, Vanillezucker und Zitronenschale cremig rühren. Nacheinander die Eier dazugeben. Mehl, Speisestärke und Backpulver mischen und unterrühren. Nur so viel Milch zum Teig geben, bis dieser schwer reißend vom Löffel fällt.

2 Den Backofen auf 200 °C (Umluft 180 °C, Gas Stufe 2–3) vorheizen. Den Teig in die Formen füllen und auf der mittleren Schiene 25 bis 30 Minuten backen. Die Kuchen in den Formen 15 Minuten abkühlen lassen, dann auf Kuchengitter stürzen und vollständig auskühlen lassen.

3 Für die Füllung von der Milch 6 Esslöffel abnehmen. Den Rest mit Zucker und Vanillezucker aufkochen. Das Puddingpulver in der kalten Milch glatt rühren und in die kochende Milch gießen. Unter Rühren einmal aufkochen und auf Zimmertemperatur abkühlen lassen. Die Butter schaumig rühren. Den abgekühlten Pudding esslöffelweise unterrühren. Die Creme 15 Minuten kühl stellen. Den Puderzucker in einem Töpfchen zu einem hellen Karamell schmelzen. Honig, Butter und Mandeln einrühren. Einen Teller mit etwas Öl bestreichen und den Krokant darauf fest werden lassen. Dann klein hacken, die Kirschen halbieren.

4 Die kleinen Kuchen quer zweimal durchschneiden. Den ersten Boden mit Konfitüre bestreichen und den mittleren Boden darauf legen. Mit Buttercreme bestreichen und den Deckel auflegen. Kuchen rundherum mit der Creme bestreichen, mit Krokant bestreuen und mit den Kirschen garnieren.

Gefüllter Sandkuchen

Für vier Mini-Förmchen

175 g weiche Butter • 175 g Zucker • 1 Päckchen Vanillezucker
1 Prise Salz • Etwas abgeriebene Schale einer unbehandelten Orange
3 Eier • 125 g Mehl • 100 g Speisestärke
$1/2$ TL Backpulver
Außerdem:
4 EL Himbeerkonfitüre • 4 EL Aprikosenkonfitüre
175 g Puderzucker • 1 EL roter Saft • 1–2 EL Zitronensaft
Weiße und rosa Dekorblüten

1 Für den Teig die Butter schaumig rühren. Nach und nach den Zucker einrieseln lassen und so lange weiterrühren, bis sich der Zucker fast vollständig aufgelöst hat. Vanillezucker, Salz und etwas abgeriebene Orangenschale hinzufügen. Die Eier nacheinander in den Teig einrühren.

2 Den Backofen auf 200 °C (Umluft 180 °C, Gas Stufe 2–3) vorheizen. Mehl und Speisestärke mit dem Backpulver mischen und kurz mit dem Teig verrühren. Den Teig auf die Förmchen verteilen und im vorgeheizten Backofen 25 bis 30 Minuten backen. Die Kuchen in den Förmchen 15 Minuten ruhen lassen. Dann auf Kuchengitter stürzen und vollständig auskühlen lassen.

3 Die Kuchen mindestens 6 Stunden, am besten über Nacht, ruhen lassen. Jeden Kuchen zweimal quer durchschneiden. Die beiden Konfitüren getrennt cremig rühren, nach Belieben durch ein feines Sieb streichen.

4 Den unteren Teil der Kuchen mit Himbeerkonfitüre bestreichen, jeweils den mittleren Boden darauf legen und diesen mit Aprikosenkonfitüre bestreichen. Den Deckel auflegen. Puderzucker mit Saft und Zitronensaft cremig rühren. Die Kuchen damit überziehen und mit Dekorblüten garnieren.

Mohnkuchen mit Mohnsahne

Für eine große Gugelhupfform

100 g weiche Butter • 100 g Zucker • 1 Päckchen Vanillezucker
Etwas abgeriebene Schale einer unbehandelten Zitrone
$1/2$ TL Zimt • 1 Prise Salz • 2 Eier • 350 g Mehl
1 $1/2$ TL Backpulver • 1 Beutel Mohnback (Fertigprodukt)
Etwa 200 ml Milch • 4 EL gehackte Mandeln
Außerdem:
200 g Puderzucker • 4 EL Rum • 200 g Sahne

1 Für den Teig die Butter mit dem Zucker cremig rühren. Vanillezucker, geriebene Zitronenschale, Zimt und Salz untermischen. Nacheinander die Eier in den Teig rühren. Mehl und Backpulver mischen und mit dem Teig vermengen. Die Mohnmischung bis auf 1 Esslöffel zum Teig geben. Den Backofen auf 180 °C (Umluft 160 °C, Gas Stufe 2–3) vorheizen.

2 Nur so viel Milch hinzufügen, dass der Teig schwer reißend vom Löffel fällt. Zum Schluss die Mandeln zum Teig geben. Den Teig in die Form füllen. Im vorgeheizten Backofen auf der mittleren Schiene etwa 50 Minuten backen. Herausnehmen und 15 Minuten in der Form ruhen lassen; dann stürzen und vollständig auskühlen lassen.

3 Für den Guss den Puderzucker mit dem Rum cremig rühren. Den Kuchen mit dem Guss überziehen. Die Sahne halb steif schlagen und mit dem restlichen Mohnback mischen. Die Mohnsahne eisgekühlt zum zimmerwarmen Kuchen servieren.

Mein Tipp

Mohnback ist eine fertige gesüßte Mohnmasse, die in jedem Supermarkt bei den Backzutaten zu bekommen ist. Wollen Sie frisch gemahlenen Mohn verwenden, dann brauchen Sie für den Teig 100 Gramm gemahlenen Mohn, der mit etwa $1/8$ Liter kochend heißer Milch übergossen wird. Nach etwa 15 Minuten wird die überschüssige Milch abgegossen. Die Mohnmasse zuletzt mit Zucker, Zitronenschale und wenigen Tropfen Bittermandelöl abschmecken.

Walnuss-Orangen-Kuchen

Für eine große Gugelhupfform

Für den Teig:
250 g Walnusskerne • 4 Eier (Größe M) • 1 Prise Salz
125 g Zucker • 1 EL Mehl • 50 g Orangeat
Etwas abgeriebene Schale einer unbehandelten Orange
Außerdem:
1 unbehandelte Orange • 200 g Puderzucker • Etwas Orangenlikör

Für den Teig die Walnüsse in einer Pfanne ohne Fett leicht rösten und fein mahlen. Die Eier trennen. Das Eiweiß mit etwas Salz steif schlagen. Die Eigelbe mit Zucker, Mehl und Orangenschale cremig rühren. Das Orangeat sehr fein hacken. Den Backofen auf 200 °C (Umluft 180 °C, Gas Stufe 2–3) vorheizen. Orangeat und Walnüsse mit der Eigelbmasse verrühren. Eischnee unterheben. Den Teig in die Form gießen und im vorgeheizten Backofen auf der mittleren Schiene etwa 60 Minuten backen. Für den Guss die Orangenschale abziehen und in feine Streifchen schneiden. Den Puderzucker mit 3 Esslöffel Orangensaft und etwas Likör cremig rühren. Abgekühlten Kuchen damit bestreichen und mit Schalenstreifen bestreuen.

Haselnusskuchen

Für vier Mini-Förmchen

4 Eier (Größe M) • 1 Prise Salz • 125 g Zucker
2 Msp. Zimt • 250 g gemahlene Haselnüsse

Die Eier trennen. Das Eiweiß mit etwas Salz sehr steif schlagen. Die Eigelbe mit Zucker cremig aufschlagen. Zimt und Haselnüsse dazugeben und gut unterrühren. Den Backofen auf 200 °C (Umluft 180 °C, Gas Stufe 2–3) vorheizen. Den Eischnee in drei Portionen unter die Nussmasse heben. Den Teig in die Förmchen füllen. Die Kuchen im vorgeheizten Backofen auf der mittleren Stufe 25 bis 30 Minuten backen. Herausnehmen, in der Form 15 Minuten ruhen lassen und zum Abkühlen auf Kuchengitter stürzen.

Kindergeburtstagskuchen

Für zwei runde und drei Mini-Kastenförmchen

Für den Teig:
200 g weiche Butter • 1 Prise Salz • 200 g Zucker
1 Päckchen Vanillezucker
Etwas abgeriebene Schale einer unbehandelten Zitrone
3 Eier • 250 g Mehl • 100 g Speisestärke • 2 TL Backpulver
Etwa 1/8 l Milch • Butter für die Förmchen
Außerdem:
400 g Vollmilch-Kuvertüre • Verschiedene bunte Streusel und Blüten
14 runde Plätzchen • Zuckerschrift • Schokostreusel
Gummibärchen • 200 g Puderzucker • 2 EL roter Saft
Rote Speisefarbe • 200 g Sahne • 1 Päckchen Sahnesteif • 1 EL Zucker

1 Für den Teig die Butter mit Salz, Zucker, Vanillezucker und geriebener Zitronenschale cremig rühren. Nach und nach die Eier unterrühren. Das Mehl mit Speisestärke und Backpulver mischen. Abwechselnd mit der Milch zum Teig geben. Der Teig sollte schwer reißend vom Löffel fallen. Den Backofen auf 200 °C (Umluft 180 °C, Gas Stufe 2–3) vorheizen. Die Förmchen einfetten.

2 Den Teig in die Förmchen füllen. Der restliche Teig wird für eine weitere Kastenform benötigt. Zunächst vier Kuchen im vorgeheizten Backofen 25 bis 30 Minuten backen. Kurz in den Förmchen ruhen lassen, dann auf Kuchengitter stürzen. Ein Kastenförmchen noch einmal einfetten, den restlichen Teig einfüllen und backen. Die Kuchen vollständig auskühlen lassen.

3 Aus einem Kastenkuchen eine Lokomotive schneiden. Die Kuvertüre grob hacken und im Wasserbad schmelzen. Die drei Kastenkuchen damit rundherum überziehen und die Dächer mit beliebigen Streuseln (außer Blüten) bestreuen. Den Plätzchen mit Zuckerschrift Speichen aufmalen und die Räder an die »Waggons« kleben. Einige Gummibärchen dazusetzen.

4 Für die »Vulkane« den Puderzucker mit rotem Saft und etwas heißem Wasser cremig rühren. Mit Speisefarbe rosa färben und die runden Kuchen damit überziehen, mit Zuckerblüten bestreuen. Die Sahne mit Sahnesteif und Zucker steif schlagen und mit roter Speisefarbe dunkelrosa färben. Die Sahne kurz vor dem Servieren schwungvoll in die Öffnungen der runden Kuchen spritzen und spitz nach oben zulaufen lassen.

Versunkene Birnen

Für eine große runde Form

600 g Birnen • 3 EL Zitronensaft • 6 EL Puderzucker • 3/8 l Birnennektar
1 Zimtstange • 3 Gewürznelken • 1 Prise Muskatblüte
3 EL Ingwerkonfitüre • 120 g Haselnüsse • 40 g ungesalzene Pistazien
Für den Teig:
225 g weiche Butter • 1 Prise Salz
Etwas abgeriebene Schale einer unbehandelten Zitrone
1 Prise Zimt • 150 g brauner Zucker • 3 Eier • 1 Eigelb • 340 g Mehl
1 1/2 TL Backpulver • Butter für die Form
Außerdem:
7 EL Orangenmarmelade • 2 EL Orangenlikör • 3 EL ungesalzene Pistazien

1 Die Birnen vierteln, schälen und vom Kernhaus befreien. Die Früchte in Spalten schneiden und mit Zitronensaft beträufeln. Den Puderzucker in einem Topf zu hellem Karamell schmelzen. Birnennektar, Zimtstange, Gewürznelken und Muskatblüte hinzufügen und so lange erhitzen, bis sich der Karamell wieder gelöst hat. Die Birnenspalten einige Minuten in diesem Sud dünsten. Von der Kochstelle ziehen und im Sud abkühlen lassen.

2 Gewürze entfernen und die Birnen in einem Sieb gründlich abtropfen lassen. Die Ingwerkonfitüre leicht erwärmen. Die Haselnüsse in einer Pfanne ohne Fett leicht rösten. In einem Küchentuch hin- und herbewegen, sodass die dunkle Haut entfernt wird. Nüsse und Pistazien hacken.

3 Für den Teig die Butter mit Salz, abgeriebener Zitronenschale und Zimt cremig rühren. Zucker, Eier und Eigelb nach und nach zufügen. Mehl, Backpulver, Nüsse und Pistazien mischen und unter den Teig rühren. Den Backofen auf 200 °C (Umluft 180 °C, Gas Stufe 2–3) vorheizen.

4 Die Form dünn mit Butter einfetten. Den Teig in die Form streichen und die Birnenspalten kreisförmig darauf verteilen. Birnen dünn mit der Ingwerkonfitüre einpinseln und den Kuchen etwa 60 Minuten backen.

5 Die Orangenmarmelade mit dem Orangenlikör leicht erwärmen. Die Pistazien grob hacken. Kuchen in der Form 15 Minuten abkühlen lassen, dann auf ein Kuchengitter stürzen und vollständig auskühlen lassen. Mit der Orangenmarmelade überziehen und mit den gehackten Pistazien bestreuen.

Apfel-Walnuss-Kuchen

Für eine große Gugelhupfform

Für die Füllung:
400 g Äpfel • 1/8 l Apfelwein oder Weißwein
1 Prise Zimt • 3 EL Honig
Für den Teig:
100 g Butter • 100 g Zucker • 2 Eier • 1 TL Lebkuchengewürz
Etwas abgeriebene Schale einer unbehandelten Zitrone • 1 Prise Salz
200 g Mehl • 1 TL Backpulver • 125 g Walnusskerne
Außerdem:
Butter für die Förmchen • 175 g Puderzucker • 2 EL Calvados
Zimt • 2 EL Schokostreusel

1 Für die Füllung die Äpfel schälen, entkernen und in etwa 1 Zentimeter große Würfel schneiden. Apfelwein oder Weißwein mit Zimt und Honig zum Kochen bringen. Die Apfelwürfel darin bissfest garen und abkühlen lassen.

2 Für den Teig die Butter cremig rühren. Nach und nach Zucker und Eier einrühren. Den Teig mit Lebkuchengewürz, etwas abgeriebener Zitronenschale und Salz würzen. Mehl und Backpulver mischen und unter den Teig rühren.

3 Die Walnusskerne in einer Pfanne ohne Fett leicht rösten und mittelfein hacken. Den Backofen auf 200 °C (Umluft 180 °C, Gas Stufe 2–3) vorheizen. Die Form dünn mit weicher Butter einfetten. Die Apfelwürfel in ein Sieb geben und gut abtropfen lassen. Die Walnüsse und die Apfelwürfel mit dem Teig mischen und in die Form füllen. Im vorgeheizten Backofen auf der mittleren Schiene etwa 60 Minuten backen.

4 Den Kuchen 15 Minuten in der Form ruhen lassen, dann gestürzt auf einem Kuchengitter vollständig auskühlen lassen. Puderzucker mit Calvados und etwas Wasser cremig rühren. Den Kuchen damit überziehen und mit Zimt und Schokostreuseln bestreuen.

Mein Tipp

Wenn Kinder mitessen, dünsten Sie die Apfelwürfel in weißem Traubensaft oder in Apfelsaft. Für die Glasur nehmen Sie statt Calvados ebenfalls Apfelsaft, Traubensaft oder heißes Wasser.

Dattelkuchen

Für eine große Kastenform

200 g geschälte Mandeln • 200 g dunkle Kuvertüre
200 g entkernte Datteln • 5 Eiweiß • 1 Prise Salz • 100 g Zucker
Etwas abgeriebene Schale einer unbehandelten Zitrone
2 EL Mehl • 1 Msp. Backpulver • Butter für die Form
Außerdem:
300 g weiße Kuvertüre

1 Für den Teig die geschälten Mandeln in einer Pfanne ohne Fett leicht rösten und abkühlen lassen, anschließend fein mahlen. Die Kuvertüre mittelfein raspeln. Die Datteln in kleine Würfel oder Streifen schneiden. Das Eiweiß mit etwas Salz steif schlagen. Nach und nach den Zucker einrieseln lassen und weiterschlagen. Den Eischnee mit etwas geriebener Zitronenschale würzen. Mehl und Backpulver mischen und unterheben. Zum Schluss Mandeln, Kuvertüre und Datteln unter den Eischnee heben.

2 Den Backofen auf 180 °C (Umluft 160 °C, Gas Stufe 2–3) vorheizen. Die Form mit etwas Butter einfetten. Den Teig einfüllen, glatt streichen und den Kuchen im vorgeheizten Backofen auf der mittleren Schiene etwa 40 Minuten backen. Herausnehmen und in der Form 30 Minuten ruhen lassen. Dann stürzen und auf einem Kuchengitter vollständig auskühlen lassen.

3 Etwa 200 Gramm Kuvertüre grob hacken und im Wasserbad bei milder Hitze schmelzen. Die restliche Kuvertüre kühl stellen. Die geschmolzene Kuvertüre auf Zimmertemperatur abkühlen lassen und noch einmal im Wasserbad schmelzen. Von der restlichen Kuvertüre mit einem Sparschäler kleine Locken abziehen. Den Kuchen mit der Kuvertüre überziehen und mit den Kuvertürelocken bestreuen.

Mascarponetörtchen

Für vier Mini-Förmchen

Für den Teig:
2 Eier • 1 Prise Salz • 75 g Zucker • 1 Päckchen Vanillezucker
Etwas abgeriebene Schale einer unbehandelten Zitrone
250 g Mascarpone • 2 EL Grieß • 1 Msp. Backpulver
75 g kandierte Früchte • 2 EL Pinienkerne
2 EL ungesalzene Pistazien • Butter für die Förmchen
Außerdem:
6 EL gemahlene Mandeln oder Haselnüsse • 1 Eigelb
2 EL Mandelblättchen • Puderzucker zum Bestäuben

1 Für den Teig die Eier trennen. Das Eiweiß mit etwas Salz sehr steif schlagen. Die Eigelbe mit Zucker und Vanillezucker schaumig rühren. Etwas Zitronenschale, Mascarpone, Grieß und Backpulver einrühren. Den Eischnee in zwei Portionen unterheben.

2 Den Teig in eine größere und eine kleinere Menge teilen. Die kandierten Früchte fein hacken und unter eine Teigportion rühren. Pinienkerne und Pistazien mittelgrob hacken und mit dem restlichen Teig mischen.

3 Den Backofen auf 200 °C (Umluft 180 °C, Gas Stufe 2–3) vorheizen. Die Förmchen mit Butter einfetten und mit gemahlenen Mandeln ausstreuen. Die größere Teigmenge in die runden Förmchen füllen, den anderen Teil in die Kastenförmchen. Das Eigelb mit etwas Wasser verrühren. Die Oberfläche der beiden Kastenkuchen damit bestreichen und mit den Mandelblättchen bestreuen.

4 Die Kuchen im vorgeheizten Backofen auf der mittleren Schiene 30 bis 35 Minuten backen. Die Törtchen in den Formen 30 Minuten ruhen lassen, dann auf Kuchengitter stürzen und vollständig auskühlen lassen. Die Kuchen aus den runden Förmchen vor dem Anrichten mit Puderzucker bestäuben.

Mein Tipp

Sie können die Mascarponemasse auch mit Zitronat oder Orangeat verfeinern. Auch mit fertig gekauften oder selbst eingelegten Rumrosinen im Teig schmecken die Törtchen gut – das ist allerdings nur etwas für Erwachsene.

Quarktörtchen

Für vier Mini-Förmchen

Für den Teig:
Etwa 900 g Magerquark • 75 g Rosinen • 4 EL Rum • 4 Eier
1 Prise Salz • 125 g Zucker • 1 Päckchen Vanillezucker
Etwas abgeriebene Schale einer unbehandelten Zitrone
2 EL Zitronensaft • 1 Päckchen Vanillepuddingpulver
1 Msp. Backpulver • 200 g Doppelrahmfrischkäse
100 g Crème fraîche • 4 EL gehackte Mandeln
Butter für die Förmchen
Puderzucker zum Bestäuben

1 Für den Teig den Quark in einem Sieb einige Stunden abtropfen lassen oder vorsichtig in einem Küchentuch ausdrücken. Es werden 750 Gramm Quark (ausgedrückt gewogen) benötigt. Die Rosinen heiß abbrausen, gut abtropfen lassen und einige Stunden in dem Rum einweichen.

2 Die Eier trennen. Das Eiweiß mit dem Salz sehr steif schlagen. Die Eigelbe mit dem Zucker cremig rühren. Mit Vanillezucker, etwas geriebener Zitronenschale und dem Zitronensaft mischen.

3 Das Puddingpulver mit dem Backpulver mischen. Frischkäse und Crème fraîche glatt rühren, Quark, Eigelbe und Puddingpulver einrühren. Die Rumrosinen und die gehackten Mandeln zum Quark geben. Zum Schluss zuerst die Hälfte des Eischnees hinzufügen, dann den restlichen Eischnee unterheben. Den Backofen auf 200 °C (Umluft 180 °C, Gas Stufe 2–3) vorheizen. Die Förmchen dünn mit Butter einfetten.

4 Die Quarkmasse auf die Förmchen verteilen. Die Kuchen im vorgeheizten Backofen auf der mittleren Schiene 30 bis 35 Minuten backen. 10 Minuten im ausgeschalteten Ofen ruhen lassen. Die Törtchen herausnehmen und 15 Minuten in den Förmchen abkühlen lassen. Dann auf Kuchengitter stürzen und vollständig auskühlen lassen. Vor dem Servieren die Oberfläche mit gesiebtem Puderzucker bestäuben.

Glühweinkuchen

Für vier Mini-Förmchen

Für den Teig:
75 g Rosinen • 4 EL Orangenlikör oder Rum
150 g weiche Butter • 150 g Puderzucker
1 Päckchen Vanillezucker • 1 Prise Salz
Etwas abgeriebene Schale einer unbehandelten Zitrone
3 Eier • 375 g Mehl • 1 1/2 TL Backpulver
Etwa 100 ml Glühwein • 1 TL Lebkuchengewürz
Je 1/2 TL Anis, Muskatblüte und Zimt • 50 g Orangeat
2 EL gehackter kandierter Ingwer • 5 Walnusskerne
Außerdem:
125 g Puderzucker • Orangensaft • 25 g Orangeat
40 g dunkle Kuvertüre • Puderzucker zum Bestäuben
Lebkuchengewürz zum Bestäuben

1 Rosinen in Likör oder Rum einweichen. Die Butter mit dem Puderzucker cremig rühren. Vanillezucker, Salz und Zitronenschale hinzufügen. Eier unterrühren, dann Mehl und Backpulver zufügen. Nur so viel Glühwein zum Teig geben, dass dieser schwer reißend vom Löffel fällt. Zum Schluss Lebkuchengewürz, Anis, Muskatblüte und Zimt hinzufügen.

2 Den Backofen auf 200 °C (Umluft 180 °C, Gas Stufe 2–3) vorheizen. Den Teig in eine größere und eine kleinere Portion teilen. Orangeat, Ingwer und Walnüsse hacken. Die kleinere Teigmenge mit Orangeat und Rumrosinen und den anderen Teil mit Ingwer und Walnüssen mischen. Die kleinere Menge in die Kasten-, den anderen Teig in die Gugelhupfförmchen geben.

3 Die Kuchen im vorgeheizten Backofen auf der mittleren Schiene 25 bis 30 Minuten backen. Den Puderzucker mit etwas Orangensaft cremig rühren und die ausgekühlten Kastenkuchen damit überziehen. Sofort mit Orangeat bestreuen.

4 Die Kuvertüre grob hacken und im Wasserbad bei milder Hitze schmelzen. Die Kuvertüre auf Zimmertemperatur abkühlen lassen und noch einmal im Wasserbad verflüssigen. Die kastenförmigen Kuchen damit überziehen und den Überzug leicht antrocknen lassen. Dann mit etwas Lebkuchengewürz bestäuben. Die anderen beiden Kuchen dünn mit etwas Puderzucker bestäuben.

Gefüllter Schokoladenkuchen

Für eine große Gugelhupfform

Für den Teig:
100 g Zartbitterschokolade • 100 g weiche Butter
100 g Puderzucker • 1 Prise Salz • 1 Prise Zimt
Etwas abgeriebene Schale einer unbehandelten Orange
1 Päckchen Vanillezucker • 3 Eier
1 Päckchen Schokoladenpuddingpulver • 75 g Mehl
1 Päckchen Backpulver • 75 g gemahlene Mandeln • Etwa 100 ml Milch
Außerdem:
4 EL Kirschkonfitüre • 1–2 EL Rum • 150 g dunkle Kuvertüre
Kakao zum Bestäuben

1 Für den Teig die Schokolade fein reiben. Die Butter mit dem gesiebten Puderzucker cremig rühren. Die Masse mit Salz, Zimt, etwas geriebener Orangenschale und Vanillezucker würzen. Die Eier nach und nach unter den Teig rühren. Den Backofen auf 180 °C (Umluft 160 °C, Gas Stufe 2–3) vorheizen.

2 Das Puddingpulver mit Mehl und Backpulver mischen. Über die Buttermasse geben und unterrühren. Die Mandeln mit der Schokolade mischen und unter den Teig heben. Nur so viel Milch zum Teig geben, dass dieser schwer reißend vom Löffel fällt.

3 Den Teig in die Form füllen. Im vorgeheizten Backofen auf der mittleren Schiene etwa 40 Minuten backen. Auf einem Kuchengitter vollständig auskühlen lassen.

4 Für die Füllung die Konfitüre durch ein Sieb streichen, mit dem Rum mischen. Den Kuchen einmal quer durchschneiden, den unteren Teil mit etwas Konfitüre bestreichen, dann wieder zusammensetzen. Für den Guss die Kuvertüre grob hacken und im Wasserbad bei milder Hitze schmelzen. Auf Zimmertemperatur abkühlen lassen und erneut im Wasserbad schmelzen.

5 Den Kuchen mit der warmen Kuvertüre überziehen. Kurz bevor die Glasur fest wird, mit den Zinken einer Gabel darin Wellen ziehen. Den Kuchen mit etwas Kakao bestäuben.

Marzipankuchen mit Rumrosinensahne

Für eine große runde Form

Für den Teig:
675 g Mehl • 3/4 Würfel Hefe (30 g) • 1 1/2 TL Zucker
340 ml lauwarme Milch • 9 EL flüssige Butter
2 kleine Eier • 6 EL Zucker
Etwas abgeriebene Schale einer unbehandelten Zitrone
150 g Marzipanrohmasse • Bittermandelöl • Mehl zum Bearbeiten
Außerdem:
9 EL flüssige Butter • Puderzucker und Zimt zum Bestäuben
Für die Sauce:
125 g Rumrosinen (Fertigprodukt) • 400 g Sahne • 3 EL Honig • 3 EL Rum

1 Für den Teig das Mehl in eine Schüssel sieben. Die Hefe zerkleinern und mit dem Zucker und der Hälfte der lauwarmen Milch glatt rühren. Das Gefäß mit einem Küchentuch abdecken und für 15 Minuten beiseite stellen.

2 Die Hefemilch mit der restlichen lauwarmen Milch, Butter, Ei, Zucker und Zitronenschale zum Mehl geben. Alles kräftig zu einem elastischen Teig verkneten. Bei Bedarf noch etwas Mehl hinzufügen. Die Marzipanrohmasse in Stückchen zum Teig geben und zusammen mit 2 bis 3 Tropfen Bittermandelöl unterkneten. Den Teig zu einer Kugel formen und in der Schüssel abgedeckt an einem warmen Ort 60 Minuten gehen lassen.

3 Den Backofen auf 200 °C (Umluft 180 °C, Gas Stufe 2–3) vorheizen. Den Teig in die Form drücken und mit einem Küchentuch zudecken. Noch einmal 30 Minuten an einem warmen Ort gehen lassen. Das Teigvolumen sollte sich ungefähr verdoppeln. Den Kuchen im vorgeheizten Backofen auf der mittleren Schiene etwa 60 Minuten backen.

4 Den Kuchen in der Form 15 Minuten ruhen lassen, dann auf ein Kuchengitter stürzen. Den lauwarmen Kuchen mit flüssiger Butter bestreichen und mit reichlich Puderzucker und Zimt bestäuben. Für die Sauce die Rumrosinen mit der Hälfte der Sahne, Honig und Rum erhitzen und abkühlen lassen. Die restliche Sahne steif schlagen und unter die lauwarme Sauce heben, sofort zum warmen oder abgekühlten Marzipankuchen servieren.

Schokoladentörtchen mit Orangensahne

Für sechs Herzförmchen

50 g Haselnüsse • 100 g weiche Butter • 70 g Puderzucker
1 Päckchen Vanillezucker • 1 Prise Salz • 1 Prise Zimt
2 Eier • 100 g Mehl • 50 g Speisestärke • 1/2 TL Backpulver
2 EL Kakao • 2 EL Rum • 40 g Orangeat
Außerdem:
25 g weiße Kuvertüre
Für die Orangensahne:
1/2 unbehandelte Orange • 1 EL Zucker
1/2 EL Orangenlikör • 100 g Sahne

1 Die Haselnüsse in einer Pfanne ohne Fett rösten und in einem Küchentuch hin- und herbewegen, sodass sich die dunklen Häutchen lösen. Die Nüsse hacken. Die weiche Butter mit dem gesiebten Puderzucker, Vanillezucker, Salz und Zimt cremig rühren.

2 Das Ei unterrühren. Mehl mit Speisestärke, Backpulver und Kakao mischen. Nach und nach unter den Teig rühren. Zum Schluss Rum, geröstete Nüsse und Orangeat unterziehen. Den Backofen auf 180 °C (Umluft 160 °C, Gas Stufe 2–3) vorheizen. Den Teig auf die Förmchen verteilen und im vorgeheizten Backofen auf der mittleren Schiene 20 bis 30 Minuten backen.

3 Die Kuvertüre grob hacken und im Wasserbad bei milder Hitze schmelzen. Die Kuvertüre auf Zimmertemperatur abkühlen lassen und wieder bei milder Hitze im Wasserbad schmelzen. Einen Doppelbogen Butterbrotpapier zu einer spitzen Tüte formen und die lauwarme Kuvertüre einfüllen. Die Spitze knapp abschneiden und die Kuchen mit geraden und wellenförmigen Linien verzieren.

4 Für die Sauce die Orange heiß abwaschen, abtrocknen und die Schale abreiben. Die Frucht auspressen und den Saft mit der Schale und dem Zucker cremig einkochen. Sirup abkühlen lassen. Die Sahne steif schlagen und den abgekühlten Orangensirup mit dem Likör vorsichtig unterheben. Die Sahne zu den Törtchen servieren oder die einmal quer durchgeschnittenen Törtchen mit der Sahne füllen.

Hefekuchen mit Pistazien

Für vier Mini-Förmchen

Für den Teig:
500 g Mehl • 1/2 Würfel Hefe (21 g) • 1 TL Zucker
225 ml lauwarme Milch • 6 EL flüssige Butter • 1 Eigelb • 3 EL Zucker
Etwas abgeriebene Schale einer unbehandelten Zitrone
Mehl zum Bearbeiten • 50 g gehackte ungesalzene Pistazien
Für den Guss:
200 g Puderzucker • Etwas Mandellikör • 4 EL ungesalzene Pistazien

1 Für den Teig das Mehl in eine Schüssel sieben. Die Hefe zerkleinern und mit dem Zucker und der Hälfte der lauwarmen Milch glatt rühren. Das Gefäß mit einem Küchentuch abdecken und für 15 Minuten beiseite stellen.

2 Die Hefemilch mit der restlichen lauwarmen Milch, Butter, Eigelb, Zucker, etwas geriebener Zitronenschale und den gehackten Pistazien zum Mehl geben. Alle Zutaten kräftig verkneten. Bei Bedarf noch etwas Mehl hinzufügen. Den Teig zu einer Kugel formen und in der Schüssel zugedeckt an einem warmen Ort 30 Minuten gehen lassen.

3 Den Backofen auf 200 °C (Umluft 180 °C, Gas Stufe 2–3) vorheizen. Den Teig in die Förmchen drücken und mit einem Küchentuch abdecken. Noch einmal 30 Minuten an einem warmen Ort gehen lassen. Das Teigvolumen sollte sich ungefähr verdoppeln. Die Kuchen im vorgeheizten Backofen auf der mittleren Schiene 25 bis 30 Minuten backen. Die Kuchen in den Förmchen 15 Minuten ruhen lassen, dann auf Kuchengitter stürzen und auskühlen lassen.

4 Für den Guss den Puderzucker mit Mandellikör cremig rühren und die Kuchen damit überziehen. Die Pistazien hacken und auf den Guss streuen.

Mein Tipp

Hefekuchen ist gar nicht so schwierig zuzubereiten, wenn einige Dinge beachtet werden: Alle Zutaten sollten Zimmertemperatur haben. Der Teig muss so lange geknetet werden, bis er nicht mehr an den Händen klebt. Ist er zu trocken, geben Sie noch etwas lauwarme Flüssigkeit hinzu. Klebt er an den Händen, hilft dagegen etwas Mehl. Während des Gehens sollte der Teig sein Volumen etwa verdoppeln.

Weißbrote mit Hefe

Für vier Mini-Förmchen

Für den Teig:
500 g Weizenmehl (Type 550) • 1/2 Würfel Hefe (21 g)
1 TL Zucker • Etwa 1/4 l lauwarme Milch • 1 EL Salz
1 EL Apfelessig • Mehl zum Bearbeiten
Außerdem:
1 Eigelb • 1 EL Sesam • 2 TL Kräuter der Provence

1 Das Mehl in eine Schüssel geben. Mit einem Löffel eine Mulde formen und die Hefe hineinbröckeln. Den Zucker darüber streuen und die Hefe mit etwas lauwarmer Milch glatt rühren. Die Schüssel mit einem Küchentuch abdecken und 10 Minuten beiseite stellen.

2 Die restliche lauwarme Milch, Salz und Essig zugeben und alles kräftig verkneten. Der Teig darf nicht mehr an den Händen kleben. Bei Bedarf noch etwas Mehl oder lauwarme Flüssigkeit zum Teig geben. Die Schüssel mit Mehl ausstreuen und den Teig zu einer Kugel formen. Zugedeckt in der Schüssel 30 Minuten an einem warmen Ort gehen lassen. Er sollte sein Volumen ungefähr verdoppelt haben.

3 Den Teig noch einmal kurz durchkneten und in die Förmchen geben. Die Formen mit einem Küchentuch abdecken und den Teig an einem warmen Ort noch einmal 30 Minuten gehen lassen. Inzwischen den Backofen auf 200 °C (Umluft 180 °C, Gas Stufe 2–3) vorheizen. Das Eigelb mit etwas Wasser verrühren. Die Oberfläche der Kastenbrote damit bestreichen und mit Sesam bestreuen.

4 Die Brote im vorgeheizten Ofen auf der mittleren Schiene 25 bis 30 Minuten backen. Die Brote in den runden Förmchen auf ein Kuchengitter stürzen, mit dem restlichen Eigelb bestreichen und sofort mit den Kräutern bestreuen. Im heißen Ofen noch 5 Minuten nachbacken.

Mein Tipp

Sie können den Teig für dieses schmackhafte Brot auch mit grob gehackten Haselnüssen oder Walnüssen, mit winzigen gerösteten Speckwürfelchen oder mit geschrotetem Getreide (Vierkorn- oder Sechskornschrot aus dem Reformhaus oder Naturkostladen) geschmacklich verändern.

Speckbrot

Für eine große Gugelhupfform

200 g Frühstücksspeck (Bacon) • 100 g Walnusskerne
375 g Weizenmehl (Type 550) • 1 Würfel Hefe (42 g)
1 TL Zucker • 125 ml lauwarme Buttermilch
1 TL Salz • 75 g weiche Butter • Mehl zum Bearbeiten
1 EL getrockneter Majoran

1 Den Frühstücksspeck grob würfeln und in einer Pfanne bei mittlerer Hitze kross braten. Auf Küchenpapier entfetten und abkühlen lassen. Die Form mit etwas Speckfett einfetten. Die Walnusskerne in einer Pfanne ohne Fett leicht rösten, abkühlen lassen und mittelfein hacken. Den abgekühlten Speck zerbröseln.

2 Das Mehl in eine Schüssel geben. Mit einem Löffel eine Mulde drücken und die Hefe hineinbröckeln. Zucker und etwas lauwarme Buttermilch zufügen und die Hefe glatt rühren. Die Schüssel mit einem Küchentuch abdecken und 10 Minuten beiseite stellen.

3 Die restliche lauwarme Buttermilch, Salz und weiche Butter zum Mehl geben. Alles kräftig zu einem glatten Teig verkneten. Der Teig darf nicht mehr an den Händen kleben. Bei Bedarf noch Mehl oder lauwarme Flüssigkeit zum Teig geben. Die Schüssel mit etwas Mehl ausstreuen. Den Teig zu einer Kugel formen und in die Schüssel legen. Mit einem Küchentuch abdecken und an einem warmen Ort 45 Minuten gehen lassen.

4 Den Backofen auf 200 °C (Umluft 180 °C, Gas Stufe 2–3) vorheizen. Den Teig mit Speck, Walnüssen und Majoran noch einmal kurz durchkneten und in die eingefettete Form drücken. Mit einem Küchentuch abdecken und noch einmal an einem warmen Ort 30 Minuten gehen lassen. Das Brot im vorgeheizten Backofen auf der mittleren Schiene etwa 60 Minuten backen. Herausnehmen und 15 Minuten in der Form ruhen lassen. Dann auf ein Kuchengitter stürzen und noch lauwarm servieren.

Mein Tipp

Zusätzlich zu Speck und Nüssen können Sie auch noch eine fein gehackte Zwiebel anbraten und unter den Teig mischen.

Kartoffelbrote mit Zwiebeln und Kümmel

Für vier Mini-Förmchen

175 g Mehl • 30 g Hefe • 1/2 TL Zucker • 5 EL lauwarmes Wasser
375 g mehlig kochende Kartoffeln • 200 ml heiße Milch
1 EL Salz • 6 EL flüssige Butter • Mehl zum Bearbeiten
2 EL Kümmel • 2 EL Röstzwiebeln (Fertigprodukt)
Außerdem:
1 Eigelb • 1 EL Kümmel

1 Für den Teig das Mehl in eine Schüssel geben. Die Hefe zerbröckeln und mit dem Zucker in 5 Esslöffel lauwarmem Wasser auflösen. Das Gefäß mit einem Küchentuch abdecken und 15 Minuten beiseite stellen. Die Kartoffeln mit einem Sparschäler schälen und fein reiben.

2 Die Kartoffelmasse in einem Küchentuch kräftig ausdrücken. Die ausgedrückten Kartoffeln in einer Schüssel mit der kochend heißen Milch übergießen und sorgfältig umrühren. Die Masse auf Zimmertemperatur abkühlen lassen. Das Hefewasser, Mehl, Salz und 4 Esslöffel Butter zur Kartoffelmasse geben und alles kräftig kneten. Bei Bedarf noch etwas Mehl hinzufügen.

3 Die Schüssel mit Mehl ausstreuen, den Teig zu einer Kugel formen und in die Schüssel legen. Mit einem Küchentuch abdecken und an einem warmen Ort 1 Stunde gehen lassen. Den Kümmel in einem Mörser grob zerstoßen.

4 Die Förmchen mit der restlichen Butter einfetten. Den gegangenen Teig in eine größere und eine kleinere Menge teilen. Den kleineren Teil mit den Röstzwiebeln verkneten und in die Kastenförmchen geben. Den anderen Teig mit dem Kümmel verkneten und in die runden Förmchen geben. Zugedeckt noch einmal an einem warmen Ort 30 Minuten gehen lassen.

5 Den Backofen inzwischen auf 200 °C (Umluft 180 °C, Gas Stufe 2–3) vorheizen. Das Eigelb mit etwas Wasser verrühren. Die Oberflächen der Kastenbrote damit bestreichen und mit Kümmel bestreuen. Die Brote im vorgeheizten Backofen auf der mittleren Schiene 25 bis 30 Minuten backen. Die Brote 15 Minuten in den Förmchen abkühlen lassen, dann auf Kuchengitter stürzen und vollständig auskühlen lassen.

Sauerteigbrot

Für eine große Kastenform

250 g Roggenmehl (Type 997) • 250 g Weizenmehl (Type 550)
15 g Sauerteigpulver • 1 Päckchen Trockenhefe
1 TL Zucker • 1 EL Salz • 350 ml lauwarmes Wasser
1 EL Rübensirup • 1 EL Apfelessig • 1 EL Öl • Mehl zum Bearbeiten
1 EL Brotgewürz (Fertigprodukt)
Außerdem:
1 Eigelb • 2 EL kernige Haferflocken

1 Für den Teig eine Schüssel mit heißem Wasser anwärmen und abtrocknen. Die beiden Mehlsorten mit Sauerteigpulver, Trockenhefe, Zucker und Salz mischen. 350 Milliliter lauwarmes Wasser, Rübensirup, Essig und Öl hinzufügen. Alles kräftig zu einem glatten Teig verkneten. Ist der Teig zu trocken, geben Sie noch etwas lauwarme Flüssigkeit hinzu. Klebt der Teig, hilft etwas Mehl.

2 Die Schüssel mit Mehl ausstreuen. Den Teig zu einer Kugel formen und in die Schüssel legen. Mit einem Küchentuch abdecken und den Teig an einem warmen Ort 1 Stunde gehen lassen.

3 Das Brotgewürz unterkneten und den Teig in die Form drücken. Wieder mit einem Küchentuch zudecken und den Teig 30 Minuten an einem warmen Ort gehen lassen.

4 Inzwischen den Backofen auf 200 °C (Umluft 180 °C, Gas Stufe 2–3) vorheizen. Das Eigelb mit etwas Wasser verrühren und das Brot damit bestreichen. Mit Haferflocken bestreuen. Im vorgeheizten Backofen auf der mittleren Schiene etwa 60 Minuten backen. Das Brot in der Form 15 Minuten ruhen lassen, dann gestürzt auf einem Kuchengitter vollständig auskühlen lassen.

Nachtisch für Naschkatzen

Mandelauflauf mit Rumsauce

Für eine große Gugelhupfform

Für den Auflauf:
4 Scheiben Toastbrot • 1/4 l Milch · 1 Päckchen Vanillezucker
200 g Marzipanrohmasse · 4 EL gehackte Mandeln • 3 Eier
4 EL Zucker • 50 g weiche Butter
125 g Rumrosinen (Fertigprodukt) • Salz
Für die Sauce:
3 Eier • 1 Eigelb • 1 TL Vanillezucker • 75 g Zucker
2–3 EL Zitronensaft • 100 ml Rum

1 Für den Auflauf das Toastbrot entrinden und klein schneiden. Die Milch mit dem Vanillezucker zum Kochen bringen und über das Brot gießen. Die Marzipanrohmasse raspeln. Das Brot leicht ausdrücken und mit dem Marzipan langsam erwärmen, bis eine cremige Masse entstanden ist. Die Mandeln einrühren und die Masse abkühlen lassen.

2 Die Eier trennen, das Eiweiß kühl stellen. Die Eigelbe mit dem Zucker im Wasserbad schaumig aufschlagen. Die Butter cremig rühren. Die Form mit etwas Butter einfetten. Die restliche Butter zur Marzipanmasse geben. Eigelbmasse und Rumrosinen in die Marzipanmasse rühren. Eiweiß mit etwas Salz steif schlagen und unterheben.

3 Den Backofen auf 180 °C (Umluft 160 °C, Gas Stufe 2–3) vorheizen. Die Marzipanmasse in die Form füllen und auf der mittleren Schiene 35 Minuten backen. Im ausgeschalteten Ofen 15 Minuten ruhen lassen. Für die Sauce die Eier mit Eigelb, Vanillezucker, Zucker, Zitronensaft, Rum und 100 Milliliter Wasser im Wasserbad schaumig aufschlagen. Den Marzipanauflauf in Scheiben schneiden und warm oder kalt mit der warmen Rumsauce servieren.

Bunte Milchreistörtchen mit Erdbeersauce

Für vier Mini-Förmchen

Für den Reis:
300 ml Milch • 1 Päckchen Vanillezucker
1 Stück Schale einer unbehandelten Zitrone • 1 Prise Salz
125 g Zucker • 150 g Milchreis • 150 g Blaubeeren
150 g Himbeeren • 1 reifer Pfirsich • 2 EL ungesalzene Pistazien
5 Blatt weiße Gelatine • 200 g Sahne
Für die Sauce:
400 g Erdbeeren • 2 EL Erdbeer- oder Orangenlikör
5 EL Zucker • 2 EL Zitronensaft

1 Die Milch zum Kochen bringen. Vanillezucker, Zitronenschale, Salz, Zucker und den Milchreis hinzufügen und bei milder Hitze 35 bis 40 Minuten ausquellen lassen. Zwischendurch öfter umrühren.

2 Die Beerenfrüchte verlesen, bei Bedarf abbrausen und gut abtropfen lassen. Den Pfirsich abziehen, halbieren, entsteinen und in Würfel schneiden, die etwa so groß wie die Beeren sind. Die Pistazien fein hacken. Die Gelatine in reichlich kaltem Wasser etwa 10 Minuten einweichen.

3 Den warmen Reis in eine Schüssel umfüllen. Die Gelatine gut ausdrücken und mit 2 Esslöffel Wasser bei milder Hitze auflösen, dann sofort gründlich mit dem heißen Reis mischen. Die Früchte und die Pistazien unterheben und den Reis auf Zimmertemperatur abkühlen lassen. Die Sahne steif schlagen und unter den abgekühlten Reis heben. Den Reis auf die Förmchen verteilen und am besten über Nacht im Kühlschrank fest werden lassen.

4 Für die Sauce die Erdbeeren waschen, gut abtropfen lassen und putzen. Die Früchte grob würfeln und mit Likör und Zucker mischen. 1 Stunde ziehen lassen. Pürieren und mit Zitronensaft abschmecken.

Mein Tipp

Zu diesem sahnigen Reisdessert schmecken auch andere Fruchtsaucen, wie etwa aus Johannisbeeren, Himbeeren, Kirschen oder Pfirsichen.

Quarktörtchen auf Mangosauce

Für vier Mini-Förmchen

Für die Törtchen:
500 g Quark (10 % Fett) • 200 g Crème fraîche • 5 Eier
1 Eigelb • 125 g Zucker • 1 Päckchen Vanillezucker
Etwas abgeriebene Schale einer unbehandelten Zitrone
1 EL Speisestärke • Butter für die Förmchen • 1 Prise Salz
Für die Sauce:
1 reife Mango • 175 ml Mango- oder Maracujanektar
1 Limette • 2 EL Honig • 1 Stängel Zitronenmelisse
2 EL ungesalzene Pistazien • 4 Brombeeren • 4 Erdbeeren
4 Rispen Johannisbeeren

1 Für die Törtchen den Quark einige Stunden in einem Sieb abtropfen lassen oder vorsichtig in einem Küchentuch ausdrücken. Quark und Crème fraîche verrühren. Die Eier trennen. Alle Eigelbe mit Zucker und Vanillezucker cremig rühren. Zitronenschale und Speisestärke einrühren.

2 Die Förmchen dünn mit Butter einfetten. Eiweiß mit Salz steif schlagen und unter die Quarkmasse heben. Den Quark auf die Förmchen verteilen.

3 Den Backofen auf 200 °C (Umluft 180 °C, Gas Stufe 2–3) vorheizen. Die Förmchen in die Fettpfanne setzen und diese mit kochendem Wasser auffüllen, sodass die Förmchen bis zur Hälfte im Wasserbad stehen. Die Quarktörtchen im Backofen auf der unteren Schiene 25 bis 30 Minuten garen.

4 Die Mango schälen und das Fruchtfleisch vom Kern schneiden. Die Hälfte davon fein würfeln. Die andere Hälfte grob zerschneiden, mit dem Nektar erhitzen und pürieren. Die Limette heiß abwaschen. Etwas Limettenschale zum Mangopüree reiben. Die Frucht auspressen und den Saft ebenfalls zum Nektar geben. Alles einmal aufkochen lassen und mit Honig süßen.

5 Die kleinen Mangowürfel hinzufügen und abkühlen lassen. Die Beeren putzen, waschen und gut abtropfen lassen. Melisseblättchen abzupfen, Pistazien grob hacken. Die heißen Törtchen stürzen und mit der Sauce und den Früchten anrichten. Mit Pistazien und Melisse garnieren.

Kokosgelee mit Ananassauce

Für vier Mini-Förmchen

Für das Gelee:
9 Blatt weiße Gelatine • 350 ml Kokoscreme, ungesüßt
200 g Sahne • 125 g Zucker • 1 Vanillestange
Etwas abgeriebene Schale einer unbehandelten Zitrone
2 EL Kokoslikör • 4 EL weißer Rum
Für die Sauce:
1 Ananas • 2 Zitronen • 175 g Zucker
Außerdem:
6 EL Kokosflocken

1 Für das Gelee die Gelatine in reichlich kaltem Wasser 10 Minuten einweichen. Die Kokoscreme mit der Hälfte der Sahne und den Zucker zum Kochen bringen. Die Vanillestange aufschneiden, das Mark herauskratzen und Mark und Schote mit etwas geriebener Zitronenschale zur Sahne geben. Bei milder Hitze 3 Minuten leise kochen lassen. Die Sahne vom Herd ziehen. Die Gelatine gut ausdrücken und in der heißen (nicht kochenden) Sahnemischung unter ständigem Rühren auflösen.

2 Kokoslikör und weißen Rum einrühren und die Creme etwa zwei Stunden beiseite stellen. Die restliche Sahne steif schlagen. Die Vanilleschote entfernen und die Sahne unterheben. Die Creme auf die Förmchen verteilen und mindestens 6 Stunden, am besten aber über Nacht im Kühlschrank fest werden lassen.

3 Für die Sauce die Ananas vierteln, den harten Strunk und die Schale wegschneiden. Jeweils aus der Mitte der Ananasviertel insgesamt 8 dünne Scheiben herausschneiden. Die restlichen Fruchtstücke mit 4 Esslöffel Wasser im Mixer pürieren. Die Zitronen auspressen. Den Saft mit dem Ananaspüree und dem Zucker leicht dicklich einkochen. Nach Belieben durch ein Sieb streichen und abkühlen lassen.

4 Die Kokosflocken in einer Pfanne ohne Fett goldgelb rösten. Das Kokosgelee auf Teller stürzen. Mit Ananasscheiben und gerösteten Kokosflocken garnieren und etwas Ananassauce dazugießen.

Vanille- und Schokoladen-parfait mit Whiskykirschen

Für vier Mini-Förmchen

Für die Parfaits:
500 g Sahne • 150 g Zucker • 1 Vanilleschote • 3 Eier • 4 Eigelb
1 Prise Salz • Etwas Zitronensaft • 30 g Zartbitterschokolade
1 TL Kakao • 2 EL Rum • 2 EL Vanillelikör
Für die Sauce:
400 g Sauerkirschen • 100 g brauner Zucker
150 ml Kirschsaft oder Kirschnektar • 1 Prise Zimt • 2 EL Whisky

1 Für die Parfaits die Sahne halb steif schlagen, auf zwei Schüsseln verteilen und kühl stellen. Die Vanilleschote längs aufschneiden und das Mark herausschaben. Das Mark mit einer Portion Sahne mischen und wieder kühl stellen. Die Eier trennen. Das Eiweiß kühl stellen. Alle Eigelbe im Wasserbad mit dem Zucker cremig rühren. In eine Schüssel mit Eiswasser stellen, kalt schlagen und auf zwei Schüsseln verteilen.

2 Das Eiweiß mit Salz und einigen Tropfen Zitronensaft sehr steif schlagen. Die Schokolade grob hacken und im Wasserbad schmelzen, mit Kakao und Rum mischen. Die Schokoladenmasse mit einer Hälfte der Eigelbmasse verrühren, den Vanillelikör mit der anderen Hälfte. Unter jede Masse die Hälfte des Eischnees heben. Die Vanillesahne unter die helle Masse, die restliche Sahne unter die Schokoladenmasse heben. Zwei Förmchen mit der Vanillezubereitung und zwei mit der Schokoladenzubereitung füllen. Die Massen im Tiefkühlgerät über Nacht fest werden lassen.

3 Für die Sauce die Kirschen putzen, waschen und entsteinen. Den Zucker in einem Topf schmelzen. Kirschsaft oder Kirschnektar und die Kirschen hinzufügen. So lange erhitzen, bis der Zucker gelöst ist. Das Kompott mit Zimt und Whisky würzen und warm oder kalt zu den Parfaits servieren.

Mein Tipp

Parfaits am besten etwa 30 Minuten vor dem Anrichten aus dem Tiefkühlgerät nehmen und stürzen. Dann haben sie genau die richtige Konsistenz und schmecken besonders sahnig und fein.

Köstliche Aufläufe

Brokkoli-Schinken-Auflauf mit Käsesauce

Für vier Mini-Förmchen

Für den Auflauf:
500 g Brokkoli • Salz • Muskatnuss • 250 g gekochter Schinken
200 g Sahne • 4 Eier • Pfeffer aus der Mühle
4 EL geriebener Gouda • Chilipulver
Für die Sauce:
1 Zwiebel • 1 Knoblauchzehe • 3 EL Butter • 1 TL Mehl
1/4 l Milch • 150 g geriebener Gouda

1 Für den Auflauf den Brokkoli putzen, in kleine Röschen teilen und in wenig Wasser mit etwas Salz bissfest garen. Das Gemüse mit Salz und frisch geriebener Muskatnuss würzen. Den Schinken fein würfeln. Brokkoli und Schinken auf die Förmchen verteilen. Den Backofen auf 200 °C (Umluft 180 °C, Gas Stufe 2–3) vorheizen.

2 Für den Guss Sahne und Eier verrühren. Mit Salz, Pfeffer, frisch geriebener Muskatnuss, Käse und Chilipulver würzen. Den Guss über das Gemüse gießen. Die Aufläufe im vorgeheizten Backofen 30 bis 35 Minuten backen. Einige Minuten im ausgeschalteten Backofen ruhen lassen.

3 Für die Sauce Zwiebel und Knoblauch abziehen und fein würfeln. In der heißen Butter weich, aber nicht braun schmoren. Das Mehl einstreuen und kurz anschwitzen. Mit kalter Milch aufgießen, glatt rühren und einige Minuten kochen lassen, dann durch ein feines Sieb streichen. Die Sauce mit Salz, Pfeffer, Muskatnuss würzen und den Käse darin schmelzen lassen.

Kartoffelauflauf mit Kümmelsabayon

Für vier Mini-Förmchen

Für den Auflauf:
600 g kleine, fest kochende Kartoffeln • Etwa 100 g flüssige Butter
Salz • Pfeffer aus der Mühle • Muskatnuss
75 g geriebener Emmentaler • Etwa 1/8 l Gemüsebrühe
Für den Sabayon:
100 ml Hühnerfond oder Brühe • 50 ml Weißwein • 1 TL Kümmel
4 Eigelb • 1 TL Honig • Salz • Weißer Pfeffer aus der Mühle
Zitronensaft • Gemahlener oder ganzer Kümmel

1 Für den Auflauf die Kartoffeln schälen und in dünne Scheiben hobeln. Die Förmchen dünn mit Butter einfetten. Die Kartoffeln in die Förmchen schichten. Dabei jede Schicht mit flüssiger Butter beträufeln und mit Salz, Pfeffer, frisch geriebener Muskatnuss sowie wenig geriebenem Käse würzen. In jedes Förmchen etwas Gemüsebrühe gießen.

2 Den Backofen auf 200 °C (Umluft 180 °C, Gas Stufe 2–3) vorheizen. Die Kartoffelaufläufe im vorgeheizten Backofen auf der mittleren Schiene 35 bis 45 Minuten backen.

3 Für den Sabayon Hühnerfond oder Brühe mit Wein und Kümmel um gut die Hälfte einkochen, dann durch ein feines Sieb gießen. In einem großen Topf Wasser zum Kochen bringen.

4 Die Eigelbe mit dem Honig in einem Schlagkessel über dem Wasserbad schaumig schlagen. Nach und nach die heiße, eingekochte Brühe dazugießen und weiterschlagen. Die Kartoffelaufläufe gut 5 Minuten in den Förmchen ruhen lassen, dann auf vorgewärmte Teller stürzen. Den Sabayon mit Salz, Pfeffer, Zitronensaft und gemahlenem oder auch ganzem Kümmel abschmecken und sofort mit den Kartoffelaufläufen anrichten.

Mein Tipp

Der Kartoffelauflauf ist eine feine Beilage zu gegrillten Lammkoteletts, Frikadellen aus Schweinehackfleisch oder geschmortem Rindfleisch.

Möhrenauflauf mit marinierter Hühnerbrust

Für eine große runde Form

Für die marinierte Hühnerbrust:
4 halbe Hühnerbrustfilets • 4 Knoblauchzehen • 1 Zitrone
1 EL Currypulver • Etwas Cayennepfeffer
200 g Kokosmilch (Kokoscreme), ungesüßt
2 EL Olivenöl • Salz • Pfeffer aus der Mühle
Für den Auflauf:
1 1/2 Bund Frühlingszwiebeln • 5 EL Butter • 750 g Möhren
3/8 l Möhrensaft • Salz • Pfeffer • Muskatnuss • 1 rote Chilischote
6 EL Rosinen • 6 EL ungesalzene Pistazien • 3 Eier • 300 g Sahne

1 Das Fleisch waschen und trockentupfen. Den Knoblauch abziehen und fein hacken. Die Zitrone heiß waschen, trockenreiben und die Hälfte der Schale zum Knoblauch reiben. Die Frucht auspressen. Den Saft mit Knoblauch, Currypulver, Cayennepfeffer, Kokosmilch, Olivenöl, Salz und Pfeffer verrühren. Das Fleisch nebeneinander in eine Schale legen, die Sauce darüber gießen und zugedeckt am besten über Nacht durchziehen lassen.

2 Für den Auflauf die Frühlingszwiebeln putzen, den hellen Teil fein würfeln. Die Butter in einer Pfanne schmelzen. Die Form mit etwas zerlassener Butter einfetten. Die Zwiebeln in der restlichen Butter weich schmoren. Die Möhren schälen und in feine Scheiben hobeln. In dem Möhrensaft mit Salz, Pfeffer und Muskatnuss bissfest garen. Die Chilischote entkernen und sehr fein würfeln. Die Möhren abgießen und mit Zwiebeln, Chiliwürfeln, Rosinen und Pistazien mischen.

3 Den Backofen auf 200 °C (Umluft 180 °C, Gas Stufe 2–3) vorheizen. Eier und Sahne verquirlen, mit Salz und Pfeffer würzen. Die Möhren in die Form füllen und die Eiersahne darüber gießen. Den Auflauf im vorgeheizten Backofen auf der mittleren Schiene etwa 60 Minuten backen.

4 Das Fleisch trockentupfen, in der Marinade zum Kochen bringen und bei milder Hitze 5 bis 7 Minuten garen. Den Auflauf kurz in der Form ruhen lassen, dann stürzen und zum Servieren in Tortenstücke schneiden. Mit den Hühnerbrustfilets anrichten.

Hackbraten mit Pilzsauce

Für eine große Kastenform

Für den Hackbraten:
1 altbackenes Brötchen • 2 Zwiebeln • 1 Knoblauchzehe
2 EL Butter • 1 Ei • 1 Eigelb • Salz • Pfeffer aus der Mühle
1 EL Paprikapulver • 1 EL scharfer Senf
1 TL getrockneter Thymian • 600 g gemischtes Hackfleisch
Für die Sauce:
2 Zwiebeln • 2 Knoblauchzehen • 2 EL Olivenöl
250 g braune Champignons • 2 Lorbeerblätter
2 Stängel Thymian • 400 ml Wildpilzfond oder beliebige Brühe
125 g Crème double

1 Von dem Brötchen die Rinde abreiben und das Brötchen in lauwarmem Wasser einweichen. Zwiebeln und Knoblauch abziehen und fein würfeln. In der heißen Butter kurz anschwitzen. Das Brötchen gut ausdrücken und in eine Schüssel zupfen. Zwiebeln und Knoblauch zufügen. Ei, Eigelb und die Gewürze zugeben.

2 Den Backofen auf 200 °C (Umluft 180 °C, Gas Stufe 2–3) vorheizen. Das Hackfleisch zur Würzmischung geben und alles zu einem glatten Teig verarbeiten. Das gewürzte Hackfleisch in die Form füllen und den Hackbraten im vorgeheizten Backofen auf der mittleren Schiene etwa 60 Minuten backen. Einige Minuten in dem abgeschalteten Ofen ruhen lassen.

3 Für die Sauce Zwiebeln und Knoblauchzehen abziehen und fein würfeln. Im heißen Olivenöl kurz anschwitzen. Die Pilze putzen, säubern und grob würfeln. Die Pilzwürfel mit Lorbeerblättern, Thymian und Pilzfond oder Brühe zu den Zwiebeln geben und 30 Minuten leise kochen lassen.

4 Thymian und Lorbeerblätter entfernen. Die Pilze pürieren und alles durch ein feines Sieb streichen. Die Crème double einrühren und die Sauce cremig einkochen. Mit Salz und Pfeffer abschmecken. Hackbraten aus der Form stürzen und mit der Pilzsauce anrichten.

Brot-Speck-Pastetchen mit Kräuterjogurt

Für vier Mini-Förmchen

Für die Pastetchen:
6 Scheiben altbackenes Toastbrot • 1/4 l Milch • 1 Knoblauchzehe
Je 1/4 rote, grüne und gelbe Paprikaschote • 2 EL Olivenöl
1 TL gehackte Salbeiblätter • 200 g Frühstücksspeck (Bacon)
Salz • Pfeffer aus der Mühle • 3 Eier • 200 g saure Sahne
Speckfett für die Formen
Für die Sauce:
2 Frühlingszwiebeln • 1 Knoblauchzehe • 1 kleine Salzgurke
250 g griechischer Jogurt • 1 Orange
1 Tasse gemischte gehackte Kräuter • 2–3 EL Zitronensaft
Salz • Pfeffer aus der Mühle • Zucker

1 Für die Pastetchen das Brot entrinden und grob würfeln. Die Milch erhitzen und über das Brot gießen. Die Knoblauchzehe abziehen und fein hacken. Die Paprikaschoten mit einem Sparschäler schälen und in winzige Würfel schneiden. Das Olivenöl in einem Topf erhitzen und die Paprikawürfel darin bei milder Hitze 3 Minuten garen. Das Brot ausdrücken und mit Paprikawürfeln, Salbei und Knoblauch mischen.

2 Den Speck sehr fein würfeln und in einer Pfanne langsam knusprig braten. Mit der Brotmasse mischen und alles mit Salz und Pfeffer würzen. Den Backofen auf 200 °C (Umluft 180 °C, Gas Stufe 2–3) vorheizen. Die Eier mit der sauren Sahne glatt rühren, mit etwas Salz und Pfeffer würzen und zur Brotmischung geben.

3 Die Förmchen mit etwas Speckfett einfetten und die Mischung auf die Förmchen verteilen. Im vorgeheizten Backofen 30 bis 35 Minuten backen. Die Pastetchen in den Förmchen 15 Minuten ruhen lassen.

4 Für die Sauce die Frühlingszwiebeln putzen, den dunkelgrünen Teil wegschneiden. Den Knoblauch abziehen, Frühlingszwiebeln, Knoblauch und Salzgurke fein würfeln und unter den Jogurt rühren. Die Orange auspressen und den Saft zum Jogurt geben. Mit den gemischten Kräutern vermengen und alles mit Salz, Pfeffer und etwas Zucker abschmecken.

Ricottatörtchen mit Tomaten-Kapern-Sauce

Für vier Mini-Förmchen

500 g Ricotta oder Magerquark • 2 EL Pinienkerne
1 Bund Frühlingszwiebeln • 2 Knoblauchzehen • 2 EL Olivenöl
Salz • Pfeffer aus der Mühle • 8 schwarze Oliven
1 Zweig Thymian • 1 Zweig Rosmarin • 4 Eier • 125 g Crème fraîche
50 g geriebener Parmesan • Butter für die Förmchen
Für die Sauce:
2 Zwiebeln • 1 Knoblauchzehe • 4 EL Olivenöl
1 Packung Suppengrün (TK) • 2 EL Tomatenmark • 1 rote Chilischote
1 Dose Pizzatomaten • 2 Lorbeerblätter • Salz • Pfeffer aus der Mühle
Zucker • Paprikapulver • 2 EL Kapern • 2 EL gehackte Petersilie

1 Ricotta oder Magerquark einige Stunden in einem Sieb abtropfen lassen oder in einem Küchentuch ausdrücken. Die Pinienkerne in einer Pfanne ohne Fett leicht rösten und grob hacken. Die Frühlingszwiebeln putzen und den hellen Teil sehr fein würfeln. Den Knoblauch abziehen und fein hacken. Frühlingzwiebeln und Knoblauch in dem heißen Öl 3 Minuten schmoren und dann abkühlen lassen. Ricotta oder Quark mit der abgekühlten Zwiebelmasse verrühren, mit Salz und Pfeffer würzen.

2 Die Oliven entsteinen und grob hacken. Thymianblätter und Rosmarinnadeln fein hacken. Etwas Thymian und Rosmarin, Oliven und Pinienkerne unter den Ricotta mischen. Die Eier mit Crème fraîche und Parmesan verrühren. Mit Salz und Pfeffer würzen und mit der Ricottamasse vermengen.

3 Die Förmchen mit etwas Butter einfetten. Den Backofen auf 200 °C (Umluft 180 °C, Gas Stufe 2–3) vorheizen. Die Masse auf die Förmchen verteilen und im vorgeheizten Backofen 30 bis 35 Minuten backen.

4 Für die Sauce Zwiebeln und Knoblauch abziehen und fein würfeln. Im heißen Öl kurz anbraten. Die von den Törtchen übrigen Kräuter, Suppengrün sowie Tomatenmark dazugeben und 3 Minuten schmoren. Die Chilischote ohne Kerne fein hacken. Mit Tomaten und Lorbeerblättern zur Zwiebelmasse geben. Einige Minuten offen kochen, dann mit Salz, Pfeffer, Zucker, Paprikapulver, Kapern und Petersilie abschmecken. Warm oder kalt servieren.

Spinatsoufflé mit Lachsfilet

Für vier Mini-Förmchen

1 Zwiebel • 1 Knoblauchzehe • 6 EL Butter • 200 g Spinat (TK)
4 TL Mehl • 1/8 l Milch • 200 g Sahne • Salz • Pfeffer aus der Mühle
Muskatnuss • 5 Eier • Butter für die Formen
Für den Fisch:
600 g Lachsfilet • Etwas Speisestärke • 2 EL Butterschmalz
2 EL Butter • 4 Zitronenscheiben

1 Zwiebel und Knoblauch abziehen und fein würfeln. In einer Pfanne 2 Esslöffel Butter erhitzen und Zwiebeln und Knoblauch darin weich schmoren. Den angetauten Spinat hinzufügen und aufkochen lassen.

2 In einem anderen Topf die restliche Butter schmelzen. Das Mehl zufügen und hell anschwitzen. Nach und nach Milch und Sahne angießen und glatt rühren. Die Sauce einige Minuten kochen lassen, dann mit Salz, Pfeffer und frisch geriebener Muskatnuss würzen.

3 Die Eier trennen. Das Eiweiß steif schlagen. Die Eigelbe verrühren und mit der Mehlschwitze und dem Spinat mischen. Noch einmal mit Salz, Pfeffer und Muskatnuss abschmecken. Zum Schluss den Eischnee unterziehen. Den Backofen auf 200 °C (Umluft 180 °C, Gas Stufe 2–3) vorheizen. Die Förmchen mit etwas Butter einfetten und die Spinatmasse auf die Förmchen verteilen. Im vorgeheizten Backofen auf der mittleren Schiene 25 bis 35 Minuten backen.

4 Das Lachsfilet waschen, trockentupfen und in vier gleich große Stücke schneiden. Den Lachs mit Salz und Pfeffer würzen und mit etwas Speisestärke bestäuben. Butterschmalz in einer Pfanne erhitzen und die Filets darin auf jeder Seite 3 bis 4 Minuten braten. Die Butter hinzufügen, schmelzen und die Filets damit begießen. Fischfilets mit jeweils 1 Zitronenscheibe belegen und sofort zu den heißen Soufflés servieren.

Nudelauflauf mit Paprikasauce

Für vier Mini-Förmchen

Für den Auflauf:
100 g Räucherspeck • 150 g Champignons • 3 EL Butter
4 EL gehackte Petersilie • 100 g kleine Nudeln (z.B. Mini-Farfalle)
Salz • Pfeffer aus der Mühle • 3 Eier • 200 g Sahne
125 g mittelalter Gouda
Für die Sauce:
3 rote Paprikaschoten • 3 EL Butter • 3 EL Olivenöl
Cayennepfeffer • Zucker

1 Für den Auflauf den Räucherspeck sehr fein würfeln. Die Champignons putzen und grob würfeln. Den Räucherspeck in 1 Esslöffel Butter knusprig braten. Die restliche Butter hinzufügen. Die Förmchen mit etwas flüssiger Butter und Speckfett einfetten. Die Champignons zum Speck geben und 3 Minuten schmoren. Die Petersilie einrühren.

2 Die Nudeln in reichlich Salzwasser bissfest garen, abgießen und gut abtropfen lassen. Den Backofen auf 200 °C (Umluft 180 °C, Gas Stufe 2–3) vorheizen. Die Nudeln mit der Pilzmasse mischen. Mit Salz und Pfeffer abschmecken.

3 Die Eier mit der Sahne vermengen. Den Käse in winzige Würfel schneiden. Sahnemischung und Käse mit den Nudeln verrühren. Die Masse auf die Förmchen verteilen und im vorgeheizten Backofen auf der mittleren Schiene 25 bis 30 Minuten backen.

4 Für die Sauce die Paprikaschoten putzen und waschen. Etwa ein Viertel einer Schote mit einem Sparschäler schälen und in winzige Würfel schneiden, den Rest grob würfeln. Butter und Olivenöl in einem Topf erhitzen und die groben Paprikawürfel darin mit knapp 1 Tasse Wasser sehr weich kochen.

5 Das Gemüse mit dem Mixstab pürieren und durch ein feines Sieb streichen. Die kleinen Paprikawürfel in der Sauce einige Minuten garen. Mit Salz, Pfeffer, Cayennepfeffer und Zucker pikant abschmecken. Die Aufläufe gut 5 Minuten in den Förmchen ruhen lassen, dann auf vorgewärmte Teller stürzen und mit der Sauce anrichten.

Würziges in Aspik

Schinken in Weingelee mit Honig-Senf-Sauce

Für vier Mini-Förmchen

Für das Gelee:
1/2 l Hühnerbrühe oder Geflügelfond • 1/4 l trockener Weißwein
2 Lorbeerblätter • 5 Pfefferkörner • 5 Pimentkörner
1 Zweig Thymian • 6 Blatt weiße Gelatine • 1 fester Apfel
2–3 EL Weißweinessig • Salz • Pfeffer aus der Mühle • 1 TL Zucker
400 g gekochter, geräucherter Schinken (in 3 mm dicken Scheiben)
5 EL gehackte Petersilie • 3 EL kleine Kapern
Gemischte Salatblätter zum Anrichten
Für die Sauce:
3 EL Dijon-Senf • 1 EL körniger Senf • 1 EL flüssiger Honig
150 g Sahne • 1 EL gehackter Dill

1 Für das Gelee die Hühnerbrühe oder den Geflügelfond mit Weißwein, Lorbeerblätter, Pfefferkörnern, Pimentkörnern und Thymian offen auf etwa 1/2 Liter einkochen. Die Gelatine in kaltem Wasser 10 Minuten einweichen. Apfel vierteln, schälen, vom Kerngehäuse befreien und in kleine Würfel schneiden. Die Gewürze aus der Brühe entfernen. Die Apfelwürfel in der Brühe einmal aufkochen und auf einem Sieb abtropfen lassen, die Brühe auffangen.

2 Die Gelatine gut ausdrücken und in der heißen Brühe auflösen. Die Brühe mit Essig, Salz, Pfeffer und Zucker sehr kräftig abschmecken. Den Schinken in feine Würfel schneiden und mit Apfelwürfeln, Petersilie und Kapern mischen. Die Schinkenmischung auf die Förmchen verteilen und mit der zimmerwarmen Brühe auffüllen. Über Nacht kühl stellen.

3 Für die Sauce die beiden Senfsorten mit dem Honig verrühren. Die Sahne halb steif schlagen und unterheben. Zum Schluss den Dill hinzufügen. Die Sülzen aus den Förmchen lösen, auf einem Bett gemischter Salatblätter anrichten und die Sauce getrennt dazu reichen.

Mein Tipp

Statt Schinken können Sie auch ein gekochtes oder gegrilltes Eisbein ohne Schwarte und Fett klein schneiden und als Einlage für das Gelee verwenden.

Erbsen-Ei-Gelee mit Kaviarsahne

Für vier Mini-Förmchen

Für das Gelee:
$^3/_4$ l Gemüsebrühe • 4 Kaffirblätter • 2 rote Chilischoten
250 g Erbsen (TK) • Salz • 6 Eier • 6 Blatt weiße Gelatine
2–3 EL Rotweinessig • $^1/_2$ TL Curry • $^1/_2$ TL Kreuzkümmelpulver
Pfeffer aus der Mühle • 1 TL Zucker • Cayennepfeffer
Für die Kaviarsahne:
200 g Sahne • Etwas Zitronensaft • 2 EL gehackter Dill
50 g Forellenkaviar • 2 EL Schnittlauchröllchen

1 Für das Gelee die Gemüsebrühe mit den Kaffirblättern und 1 aufgeschlitzten Chilischote offen auf etwa $^1/_2$ Liter einkochen. Die Erbsen in wenig Salzwasser 5 bis 7 Minuten garen und abgießen. Die Eier hart kochen, abschrecken und pellen. Die zimmerwarmen Eier grob würfeln und mit den Erbsen mischen. Die Gelatine in reichlich kaltem Wasser 10 Minuten einweichen.

2 Die Brühe durch ein Sieb gießen, dann sehr kräftig mit Essig, Curry, Kreuzkümmel, Pfeffer, Zucker, Cayennepfeffer und Salz abschmecken. Die gut ausgedrückte Gelatine in der heißen, nicht mehr kochenden Brühe auflösen. Die zweite Chilischote aufschneiden, entkernen und in winzige Würfel schneiden. Die Ei-Erbsen-Mischung mit den Chiliwürfeln auf die Förmchen verteilen und mit der zimmerwarmen Brühe auffüllen. Im Kühlschrank am besten über Nacht fest werden lassen.

3 Für die Sauce die Sahne halb steif schlagen. Mit Salz, Pfeffer, Zucker und etwas Cayennepfeffer sowie etwas Zitronensaft und Dill würzen. Den Kaviar und die Schnittlauchröllchen vorsichtig unterheben und zusammen mit dem Erbsen-Ei-Gelee anrichten.

Mein Tipp

Kaffirblätter sind ein beliebtes Gewürz in der asiatischen Küche. Die dunkelgrünen Blätter riechen und schmecken intensiv nach Zitrone. Sie sind in jedem Asienladen frisch und eingefroren erhältlich. Ersatzweise können Sie ein Stück Zitronen- oder Limettenschale in der Brühe mitkochen.

Provenzalische Terrine mit Räucherschinken

Für eine große Kastenform

Für das Gelee:
1 orangefarbene Paprikaschote • 1 Frühlingszwiebel
100 g feste rosa Champignons • Salz • 1 Fleischtomate (etwa 250 g)
75 g schwarze Oliven • 150 g magerer, weicher Räucherschinken
6 Blatt weiße Gelatine • 250 g Mascarpone
200 g Schafs- oder Ziegenmilchjogurt • 4–5 EL Weißweinessig
Pfeffer aus der Mühle • 1 TL frische Thymianblättchen • 75 ml Weißwein
Für die Sauce:
1 Limette • 1 Orange • 6–8 EL Olivenöl • 2 EL Balsamessig
1 Knoblauchzehe • 1 Frühlingszwiebel • 5 große grüne Oliven
4 EL Basilikumblätter • Salz • Pfeffer aus der Mühle

1 Für die Terrine die Paprikaschote vierteln, entkernen und mit einem Sparschäler schälen. Anschließend in kleine Würfel schneiden. Die Frühlingszwiebel putzen und mit dem Grün sehr fein schneiden. Die Champignons abbürsten und ebenfalls fein würfeln. Das Gemüse getrennt in etwas Salzwasser 3 Minuten garen, abgießen und abtropfen lassen. Die Fleischtomate in kochendes Wasser legen, abziehen und entkernen. Das Fruchtfleisch fein würfeln. Die Oliven entkernen und in Streifen schneiden. Den Schinken fein würfeln.

2 Die Gelatine in kaltem Wasser einweichen. Den Mascarpone mit dem Jogurt glatt rühren. Mit Salz, Essig, Pfeffer und Thymianblättchen kräftig abschmecken. Die Gelatine gut ausdrücken und in heißem Wein auflösen. Etwas abgekühlt mit 1 Esslöffel Mascarponecreme verrühren und unter die restliche Creme rühren. Gemüse- und Schinkenwürfel mit der Mascarponemischung vermengen und in die Form füllen. Im Kühlschrank über Nacht fest werden lassen.

3 Für die Sauce die Zitrusfrüchte heiß waschen, trockenreiben und jeweils etwas Schale abreiben. Die Früchte auspressen, den Saft mit dem Öl cremig rühren. Knoblauch abziehen und hacken, Frühlingszwiebel putzen und fein schneiden. Oliven entkernen und hacken. Basilikum in Streifen schneiden. Zitrusschalen, Knoblauch, Frühlingszwiebel, Oliven und Basilikum in die Sauce einrühren. Mit Salz und Pfeffer abschmecken.

Hering in Gelee mit Schnittlauchsauce

Für vier Mini-Förmchen

Für das Gelee:
6 Heringsfilets • ¾ l Fischfond oder Fischbrühe • 2 Lorbeerblätter
5 Wacholderbeeren • 3 Pimentkörner • 1 rote Zwiebel • 200 g Möhren
6 Blatt weiße Gelatine • 2–3 EL Weißweinessig • 3 EL weißer Wermut
Salz • Pfeffer aus der Mühle • 1 TL Zucker
Für die Sauce:
200 g Crème fraîche • 1 Knoblauchzehe • 4–5 EL Orangensaft
1 TL rote Pfefferkörner • 1 Bund Schnittlauch

1 Für das Gelee die Heringsfilets waschen, trockentupfen und in etwa 2 Zentimeter breite Streifen schneiden. Den Fischfond oder die Fischbrühe mit Lorbeerblättern, Wacholderbeeren und Pimentkörner zum Kochen bringen. Die Zwiebel abziehen und in feine Halbringe schneiden. Die Möhren schälen und in dünne Scheiben hobeln. Zwiebelringe und Möhren in dem Fond 8 bis 10 Minuten garen und mit einem Schaumlöffel herausnehmen.

2 Die Gelatine in reichlich kaltem Wasser 10 Minuten einweichen. Die Heringsstreifen in dem heißen Fond 5 bis 7 Minuten ziehen lassen, dann herausnehmen. Die Brühe durch ein Sieb gießen. Die Gelatine gut ausdrücken und in der heißen, nicht kochenden Brühe auflösen. Mit Essig, Wermut, Salz, Pfeffer und Zucker sehr kräftig abschmecken. Heringsstreifen, Möhren und Zwiebelringe auf die Förmchen verteilen. Mit dem Fond auffüllen und am besten über Nacht im Kühlschrank fest werden lassen.

3 Für die Sauce die Crème fraîche glatt rühren. Die Knoblauchzehe abziehen und durch die Presse zur Crème fraîche drücken. Mit dem Orangensaft mischen. Die roten Pfefferkörner im Mörser grob zerdrücken und mit Salz, Pfeffer und etwas Zucker zur Crème fraîche geben. Den gewaschenen Schnittlauch in feine Röllchen schneiden und unter die Sauce rühren.

Mein Tipp

Falls Sie bei Ihrem Fischhändler keine Heringsfilets bekommen, brauchen Sie 3 frische Heringe, die geputzt, halbiert und entgrätet werden müssen.

Krabbensülze mit Kerbelsauce

Für eine große Kastenform

Für die Sülze:
1 lange Möhre • 2 Frühlingszwiebeln • Salz • 1 Tasse Erbsen (TK)
1 Salzgurke • 300 g gekochte Nordseekrabben oder Garnelen
400 ml Hummerfond oder Fischbrühe • 100 ml weißer Wermut
2 Lorbeerblätter • 6 Blatt weiße Gelatine • Salz
Pfeffer aus der Mühle • 3–4 EL Weißweinessig • 1 TL Zucker
Für die Sauce:
1 Ei • 200 g Sahnejogurt • 2 EL Crème fraîche • 1 EL Kräutersenf
1 Limette • 1 Knoblauchzehe • 1 Tasse gehackter Kerbel

1 Für das Gelee die Möhre schälen und in feine Scheiben hobeln. Den hellen Teil der Frühlingszwiebeln fein hacken. Gut 1 Tasse Salzwasser zum Kochen bringen und Möhren, Zwiebeln und Erbsen darin nacheinander bissfest garen und abgießen.

2 Die Salzgurke sehr fein würfeln. Die Krabben bei Bedarf abspülen, Garnelen entdarmen. Krabben oder Garnelen mit dem Gemüse mischen.

3 Den Hummerfond oder die Fischbrühe mit Wermut und Lorbeerblättern 5 Minuten sprudelnd kochen. Die Gelatine in reichlich kaltem Wasser 10 Minuten einweichen. Die Lorbeerblätter entfernen. Die Gelatine gut ausdrücken und in der heißen, nicht kochenden Brühe auflösen.

4 Die Brühe kräftig mit Salz, Pfeffer, Essig und Zucker abschmecken. Die Krabben mit dem Gemüse in die Form füllen. Die Brühe darüber gießen und am besten über Nacht im Kühlschrank fest werden lassen.

5 Für die Sauce das Ei hart kochen. Sahnejogurt mit Crème fraîche und Kräutersenf glatt rühren. Die Limette heiß waschen, trockenreiben und etwas Schale zum Jogurt reiben. Die Frucht auspressen.

6 Die Knoblauchzehe abziehen, das Ei pellen und beides fein hacken. Die Sauce mit etwas Limettensaft, Knoblauch und Eiwürfeln mischen, mit Salz und Pfeffer abschmecken und zum Schluss den Kerbel unterrühren.

Zucchini-Kräuter-Gelee mit Tomatenragout

Für vier Mini-Förmchen

Für das Gelee:
400 g Zucchini • Salz • Pfeffer aus der Mühle • 1 Knoblauchzehe
1 Zweig Rosmarin • 400 ml Gemüsefond oder Gemüsebrühe
2 Lorbeerblätter • 1 kleine rote Chilischote • 4 Blatt weiße Gelatine
1 TL Zucker • 2–3 EL Weißweinessig • 1 TL rosa Pfefferkörner
4 EL gemischte gehackte Kräuter
Für das Ragout:
1 Zwiebel • 1 Knoblauchzehe • 2 EL Olivenöl
1 EL Tomatenmark • 500 g Tomaten • 1 Lorbeerblatt
1 Prise Zucker • 4 EL Rotwein oder Brühe • 1 Orange
5 schwarze Oliven • 4 EL gehackte Petersilie

1 Die Zucchini putzen, waschen und in feine Würfel schneiden. Gut 1 Liter Wasser mit Salz, Pfeffer, zerdrückter Knoblauchzehe und Rosmarin zum Kochen bringen. Die Gemüsewürfel darin 5 Minuten garen. Das Gemüse abgießen, Knoblauch und Rosmarin entfernen.

2 Fond mit Lorbeerblättern und aufgeschlitzter Chilischote 5 Minuten sprudelnd einkochen. Gelatine in kaltem Wasser 10 Minuten einweichen. Gewürze entfernen und Gelatine in der heißen Brühe auflösen. Kräftig mit Salz, Pfeffer, Zucker und Essig abschmecken. Gemüsewürfel, Pfeffer und Kräuter einrühren und auf die Förmchen verteilen. Über Nacht kühl stellen.

3 Für das Ragout Zwiebel und Knoblauch abziehen, fein würfeln und in dem heißen Öl anschwitzen. Das Tomatenmark einrühren. Die Tomaten häuten und entkernen. Fruchtfleisch grob würfeln und mit Lorbeerblatt, Zucker und Rotwein zu den Zwiebeln geben. Einmal aufkochen lassen.

4 Die Orange wie einen Apfel schälen, sodass auch die weiße Haut entfernt wird. Mit einem scharfen Messer die Filets zwischen den Trennwänden herausschneiden. Fruchtrückstände ausdrücken. Oliven entkernen und in feine Streifen schneiden. Orangenfilets, Oliven, Orangensaft und Petersilie mit dem Tomatenragout mischen und mit Salz und Pfeffer würzen. Noch einmal aufkochen und zu dem gestürzten Gelee servieren.

Lachs in Aspik mit Dillsauce

Für vier Mini-Förmchen

Für das Gelee:
100 g Buschbohnen • Salz • 400 g Lachsfilet
$^1/_2$ l Gemüsebrühe oder Gemüsefond • 2 Lorbeerblätter
1 TL Dillsamen • 1 rote Chilischote • 100 ml Weißwein
6 Blatt weiße Gelatine • 2–3 EL Weißweinessig
Pfeffer aus der Mühle • 1 TL Zucker
Für die Sauce:
1 TL Dillsamen • 100 g Sahne • 150 g Jogurt • 2 EL Mayonnaise
1 TL Kräutersenf • 1 TL Honig • 2 EL Zitronensaft • 1 Bund Dill

1 Die Bohnen putzen, waschen und in wenig Salzwasser 12 Minuten garen. Abgießen und gut abtropfen lassen. Die Bohnen in kleine Stücke schneiden. Für die rechteckigen Förmchen dürfen die Bohnen auch ihre Länge behalten. Das Lachsfilet waschen und trockentupfen. In wenig Salzwasser 10 Minuten gar ziehen lassen. Abgießen, trockentupfen und abkühlen lassen.

2 Gemüsebrühe mit Lorbeerblättern, Dillsamen, der aufgeschlitzten Chilischote und dem Wein 8 Minuten sprudelnd kochen lassen. Die Gelatine in kaltem Wasser 10 Minuten einweichen. Die festen Gewürze aus der Brühe entfernen. Die Gelatine ausdrücken und in der heißen Brühe auflösen. Die Brühe mit Essig, Salz, Pfeffer und Zucker abschmecken.

3 Das Lachsfilet in kleine Würfel schneiden. Fisch und Bohnen auf die Förmchen verteilen und mit der Brühe auffüllen. Das Gelee am besten über Nacht im Kühlschrank fest werden lassen.

4 Für die Sauce die Dillsamen in einer Pfanne ohne Fett leicht rösten, dann im Mörser zerreiben. Sahne mit Jogurt, Mayonnaise, Kräutersenf, Honig und Zitronensaft glatt rühren. Mit Dillsamen, Salz und Pfeffer würzen. Den Dill nicht zu fein schneiden und mit der Sauce mischen.

Mein Tipp

Statt des Lachsfilets können Sie auch Lachsforelle oder die gleiche Menge Kochfisch verwenden. Die Bohnen lassen sich gut durch winzige Zucchiniwürfel, kleine Erbsen oder klein geschnittene grüne Spargelstangen ersetzen.

Über dieses Buch

Die Autorin
Marie-Theres Wiener hat bereits zahlreiche Titel zum Thema Backen & Kochen verfasst. Als leidenschaftliche Köchin bewirtet sie nicht nur liebe Gäste, sondern gibt ihr umfangreiches Wissen auch in Kochkursen für Kinder und Erwachsene weiter.

Der Fotograf
Karl Newedel, Münchener Fotodesigner, sammelte nach seiner Ausbildung zum Koch nationale wie internationale Erfahrungen in großen Häusern, bevor er sich 1982 als freischaffender Food-Stylist einen Namen machte. Seit 1996 agiert er selbst hinter der Kamera und gibt mit seinen Fotografien zahlreichen Büchern ein unverwechselbares Gesicht.

Haftungsausschluss
Die Inhalte dieses Buches sind sorgfältig recherchiert und erarbeitet worden. Dennoch kann weder die Autorin noch der Verlag für die Angaben in diesem Buch eine Haftung übernehmen.

Bildnachweis
Alle Rezeptfotos sowie Titelfoto Karl Newedel, München.
Freisteller: PhotoAlto, Paris (Rozenbaum & Cirou): 20, 48, 58 re., 62; PhotoDisc, Hamburg/Seattle: 66; Ulrike Schmid, Alling bei München: 29, 32, 45, 58 li.

Abkürzungen

EL	= Esslöffel	mm	= Millimeter
g	= Gramm	Msp.	= Messerspitze
kg	= Kilogramm	TK	= Tiefkühlware
l	= Liter	TL	= Teelöffel
ml	= Milliliter		

Impressum

Weltbild Buchverlag
-Originalausgaben-

2. Auflage 2004

Projektleitung: Friederike Lutz
Redaktion: Dorothea Steinbacher
Versuchsküche: Sabine Haberbosch
Umschlaggestaltung und Innenlayout:
X-Design, München
Satz: Fischers DTP-Studio, München
Reproduktion: Point-of-Media, Augsburg
Druck und Bindung:
TYPOS-Digital Print, spol. r. o.,
Kovarska 328/7, CZ-30526 Pilsen

Gedruckt auf chlorfrei gebleichtem Papier

Printed in Czech Republic

ISBN 3-89604-997-6

Bestellnachweis
Die in der vorderen Umschlaginnenseite abgebildeten flexiblen Backformen können Sie unter Angabe der nachfolgenden Bestellnummern bestellen bei: Weltbild-Ideenshop, Tel. 0180-53 54 321 (0,12 EUR/Min.) oder Fax 0821-700 43 69.
➤ 4er Set Backformen: (1 Guglhupfform, 1 Kastenform, 1 runde Backform, 1 Muffinform »Herzen«) – Bestell-Nr. 565 399
➤ 4er Set Mini-Förmchen: (2 kleine Gugelhupfformen, 2 kleine Kastenformen) – Bestell-Nr. 569 707

Rezeptregister